我该怎么办？

班主任工作疑难问题解决方略

学生出现心理问题怎么办

赵福江　主编

教育科学出版社
·北　京·

编　委　会

打牢班级的信任基础

中小学班主任工作几乎是纯粹的实践工作。“实践需要理论指导”是一种笼统的说法。这种说法是正确的，但对于每天忙碌在不断出现问题、必须立即解决问题的班级管理实践中的班主任来说，尤其是对于初入教职就担任班主任的教师来说，正确却无用。因为理论的“远水”并不能解决当下的“干渴”。班里每天都会遇到问题，遇到问题时“我究竟该怎么办”，这才是他们最需要的。有些人面向市场的嗅觉很敏锐，所以书店里摆满了专门向班主任提供如何解决问题的各种妙招、窍门、秘籍、战术、招法类的书籍。这类书籍有一个特点，非常像中医的“经方”，可帮助不方便就医的病人自我判断病症后自己抓药服用，故而也可称其为“药方”类书籍。然而，书到手后许多教师又会暗自存疑：为什么那么好的招法在我这里不好用呢？是我水平低还是这些招法有问题？

平心而论，这些招法（药方）本身并无太多问题。问题出在越是看起来“实用”的招法，作为一种教育经验，越是离不开其所产生的实践情境的框架性加持。就班主任工作经验来说，情境对经验（技巧）的加持程度与该经验（技巧）“看起来”是否更加实用成正比，与读者实际应用的“有效”程度成反比。即是说，当情境加持程度为满格时，人们便无法否认其百分之百的有效性，但其更换情境的可借鉴性最低；当情境加持程度减少为半格时，其操作有效性会打折扣，但其指导的广泛性则会增强；当情境加持程度消减为零时，其操作性便也随之变为零，但其普遍性指导价值却会增至最高，这通常被称为“理论”。

班主任每日每时都会遇到许多亟待解决的棘手问题，“我该怎么办”因此也就成为每位班主任每天都挥之不去的问题。对这个问题可从三方面来分析：一是“我”，二是“该”，三是“办”。“我”是实践者，是他人经验的借鉴应用者，有着与经验提供者不同的实践情境、个人经历和个性风格。“该”同时存在两个方向：首先是理想方向，指依据教育理想，让学生得到最大限度的发展；其次是恰当方向，指适应目前工作需要，把问题处理妥当。“办”是实操，指按岗位职责要求，切实解决当下棘手问题。三方面中，“我”最关键。离开了“我”，便无法评价一个经验的推广应用是否有效；离开了“我”，也无法准确评价“该”的方向和“办”的目标（问题的“棘手”程度与“我”密切关联）。由于“我”是随着经历和经验的累积而不断发生变化的，因此，“该”的方向和“办”的目标也都会随之不断发生变化而绝不会停滞在一个水平上。

以“我”为核心来看“该怎么办”，至少包含三个层次的意思。

第一层是求助，寻求方法、技术的支持，所针对的大都是具体问题的处理。该层次的需求者多为以初任班主任为主的年轻教师。他们急切需要前辈们就带有“常识性”的问题给予“常规性”方法、技术层面的操作建议。由于此类问题每天都会遇到，数量太多，导致在正式场合反而不好意思提问，他们需要的是“药到病除”的效率和效果，因此“药方”类书籍中的经验技巧就成为他们的案头必备。这类方法、技术在“常识性”问题情境下，对于初任班主任还是很有帮助的。只是，越好用的方法、技术，通常越具有很强的情境局限性，脱离具体情境的方法分享，同样具有应用的局限性，出现“好的招法在我这里不好用”的情况就在所难免了。

第二层是追问，寻求的是超越具体方法与技术的原则、原理性的概括，所针对的是经验的总结提炼和改造应用问题。该层次的需求者，多为具有一定实践经验积累的班主任。他们经历过很多教训，也从教训中汲取了相当的经验。他们希望能够对曾经的教训和经验进行理性盘点，希望获得超越具体方法与技术的原则、原理性认知。对案头“药方”类的经验技巧，开始进行批判性阅读，尝试剥离“药方”背后的情境以及个性化背景的框架性加持，进入了原则、原理性思考层面。经过批判性追问的“该怎么办”

的建议，通常就具备了较为普遍的借鉴、参考和应用价值。

第三层是反思，寻求的是适应普遍情境的通用解决思路，所针对的是班主任工作的原理和理论问题。该层次的需求者多为经验、教训都非常丰富也非常突出的班主任。丰富，指数量足够多；突出，指经验和教训都足够深刻。正如一位优秀班主任所言：每位优秀班主任都曾经“毁”过一个班。他们的思考深度已经远远超出了原则层面的追问，触及对人性、对教育价值、对世界观的思考，也触及对多元、多阶、多轮问题的思考。他们进入的是现代教师成长发展所应达到的实践反思的高阶思维境界。他们对青年教师提问的回答，通常是以“思路”而非“技巧”的方式展现，而且至少会提供两种以上的解决思路，用方法、技术的表述方式，大致相当于说：“不仅可这么办，也可那么办，甚至还可通过如此这般的方式这样办。”这种解决思路其实已经进入了理论层面，理论层面的“怎么办”建议具有普遍适用性。

如果能从“我该怎么办”这套书的案例中读出上述三个层次的内容，说明读者已具有了实践反思的高阶思维品质。到达这个层次的读者，也许会得出一个更为简洁的结论：班级信任关系是一切问题的根源、一切工作的起点、一切问题解决的根本所在。

耿申

北京教育科学研究院

目录

1

青春期学生逆反，怎么办

教育引导，让学生正确认识青春期

上好“三课”，让叛逆期成为生长期

青春期是青少年成长的心理过渡期，其主要特征是青少年独立意识和自我意识日益增强，对任何事物都倾向于持批判态度，情绪容易波动，爱慕异性，兴趣容易转移等，因此常被称为叛逆期。很多家长、教师从成人视角去看待这一成长问题，对青春期孩子的逆反问题反应“过度”，导致良好“初心”换来糟糕后果，给亲子关系、师生关系、学生成长都带来诸多负面影响。作为初中班主任，我在教育实践中注重上好“三课”，变“干预”为引导，化危机为契机，取得较好的效果。

上好青春期教育课，让学生接纳自我和他人

青春期是青少年生长发育的高峰期，面对这种生理剧变，青少年通常是欢欣鼓舞的，但其中也掺杂着一丝别样的滋味——害怕、惊慌、烦恼、焦虑等，加之他们的心理应对机制未能及时随之变化，如果家长和学校相应的教育也未能及时跟上，就会导致青少年缺乏合理的表达途径，从而用“叛逆行为”来表达自我。基于此，我在接手初一新班后，制订了青春期教育三年计划，除自己承担一部分课程外，还邀请青春期教育专家或有经验的教师、家长给全班孩子、家长上青春期教育课。

我班的青春期课程主要包括:（1）心理课，如“认识你自己”“澎湃青春期”“胎儿的生命历程”“护蛋行动”“爱的冲突”“长大未成人”“什么是真正的酷（男生）”“呵护花季”“绽放青春”“打破性别刻板印象”“快乐合作”“盲人与拐杖”“做我自己”“学会说不”“青春期的爱情”等;（2）生理渗透课，如“青春期的变化”“男生二三事”“乳房的故事”“新生命的孕育”“生殖与避孕”等;（3）青春期专题讲座，如“你好，青春期”等;（4）学生自主活动课。为了增强教育效果，我们采取讲座、活动课、视频欣赏、团体辅导等多种形式，并且根据活动内容分为男生课堂、女生课堂、全体学生课堂、亲子课堂等不同类型。

通过系列青春期课程，学生对自己的身心变化有了全面认识，消除了不合理认知，缓解了因为身体发育带来的心理压力，也懂得了当自己出现极端情绪和行为时如何自我调节或寻求帮助，极大地减少了逆反行为的出现，从而能更好地接纳自我，改善与家长、老师和同伴的关系，顺利度过青春期。

打造家校融合课，寻求教育合力与共振

进入青春期后，身体变化带来的影响不仅作用在青少年个人身上，而且会影响他们与亲近的人特别是父母的关系。通常青春期亲子之间的冲突会不断增多而亲近不断减少，孩子和父母在一起时显得有些不和谐。针对此，我主要采取以下措施。

利用家长学校，让家长参加学习

我会跟踪家长的学习情况，有针对性地进行个别辅导，帮助家长建立科学的家庭教育观，确立亲子之间的边界，在教育孩子过程中不缺位也不越位。更为重要的是，让家长参与家长学校学习，有助于家长了解学校要求，更有利于协调家校关系，形成教育合力。

组织亲子活动

如可以组织亲子共读、亲子书信、亲子游戏、亲子电影赏析、亲子游学以及母亲节、父亲节、感恩节等节日亲子活动等。通过活动让孩子和家长有机会聆听彼此心声，走进彼此内心深处，也有利于亲子之间换位思考，达成共识。此外，通过亲子活动，学生也会对同学与其家长之间的关系有所了解，有利于建立合理的亲子关系认知和期待。

组建“妈妈团”“爸爸团”

具体做法是，由家长志愿者组成“妈妈团”“爸爸团”，一旦有学生与其家长发生冲突，无法协调时，我就会征求学生意见，由“妈妈团”或“爸爸团”成员介入，让学生找“临时家长”倾诉，由“临时家长”全权负责处理他们之间的冲突。因为角色改变，学生往往能冷静面对“临时家长”的教诲。从近六年的实践来看，效果非常好。

做好自我修炼课，用生命去影响生命

作为班主任，我也需要做好自我修炼，因为只有不断成长的老师才能引领学生的成长。

首先，要改变认知。“叛逆期”这个概念的提出，本身就有着深厚的“师长本位”思想。“叛逆”，对谁的叛逆？首当其冲是家长，其次是教师。而在我们的文化中，孩子对师长“叛逆”是难以被接受的，“叛逆”一词带着成人对自主意识萌芽的孩子的不满，带着对“不顺从”的孩子的恐惧。作为教师，我们应清楚，青春期是人生中最灵动飞扬的阶段，每个人都要经历这段激情燃烧的岁月，它是一个人从青涩走向成熟、由梦幻到现实的成长轨迹，是一段令人回味的多彩岁月。在这个时期，叛逆是常态，不叛逆才是非常态。

其次，要学会尊重与接纳。尊重孩子，就意味着欣赏每一个孩子，毕竟每一个个体都是独特的，他的认识轨迹都是独有的；也意味着班主任不能老是盯着孩子的弱点，不要拿孩子的弱点同别的孩子的优点比较。接纳孩子，意味着班主任在与孩子的交往中，应尽可能多找孩子的优点，多鼓励孩子，转变孩子的抗拒心理；也意味着要允许孩子犯错，不要过分束缚孩子的手脚，因为“叛逆期”正是他们形成主见的关键时期，犯错是在所难免的。

再次，要学会等待。“叛逆期”的孩子正处在独立与依恋、创新与传统、快乐与忧郁、激情与冷漠、反叛与顺从、冲动与犹豫的矛盾期。班主任作为“过来人”很容易抱怨他们的缺点和问题，总以“关怀者”的身份急切等待他们的改变。然而生命自有节律，不会因为老师的急切和抱怨而加速或缩短“叛逆期”。因此，班主任应按照生命节律循规而行，关注而不催促，守望而不抱怨，静待花开，聆听青春舞曲。

十余年的教育实践让我明白，作为处于“叛逆期”的学生的班主任，如果我们真的爱学生，那就陪他们一起成长，努力做到心中有天空，眼中有目标，手里有分寸，脚下有土地。与此同时，还要修炼为师的境界，不断提升教育学生的专业知识、技能。在面对学生出现的种种问题时，我们要抛弃成见，拥有绿色心态，尝试走进他们的内心，与他们进行无障碍沟通，寻求共识。此外，还要努力协调社会、家庭和学校的教育目标，寻求教育的合力，增强教育的效果。

总之，青春是美好的，青春期是充满希望的，班主任只要拥有爱与尊重这两个利器，定能化危机为契机，助力学生谱写青春之歌，享受成长的快乐！

（王霞，王德军，广东省湛江一中培才学校）

案例

还青春期一个清白

这段时间不时有家长反映，孩子变了，“夸不得，说不得”，事事都要较劲，显得格外执拗。“唉，不好管喽！”倾诉完孩子的种种“恶习”后，家长们都会发出这样无奈的叹息。

的确如此，自从进入高年级后，以前乖巧可爱的宝贝们变了，凡事疲沓不说，老师说的话也没那么灵验了，吵架、打架、“决裂”之事也时有发生。看来小家伙们开始进入青春期，有逆反情绪了，是该和他们好好谈谈这个话题了。

“进入六年级，你认为自己在哪方面变化最大？”我直接发问。

“长高了！”

“变胖了！”

“不喜欢跟家长去凑热闹了。”

……

大家七嘴八舌地说着自己的变化。

“有没有觉得自己拥有了一种‘大哥大’‘大姐大’的豪气？”

学生大笑。

“有没有觉得自己爱生气，脾气大了？”

“有！”学生异口同声。

“有没有觉得妈妈烦了，感觉有点讨厌她了？”

点头者、摇头者、无动于衷者兼而有之。

“是不是觉得父母变唠叨了，不管他们说什么你都烦，而且总想对他们发火？即使明知道他们只是在关心你！”

“是！”学生的声音震耳欲聋。

“是不是觉得杨老师也变了，变得没原来那么温和了？”

“没有！”“有！”两种声音势均力敌。

“呀，你们该不会是得了传说中的‘青春期逆反综合征’了吧？”

学生爆笑。

“老师，这不是病，这是一个人成长过程中必须经历的阶段。我妈妈说的！”

“对，如果几家人一起聚会，要是小伙伴们彼此发生矛盾或顶撞父母，大家都会说这是青春期反应。”

……

显然，孩子们都认为自己所有变化的根源在于青春期，是很正常的。

“真是这样吗？”

我神情严肃起来。

“‘青春’是多美好的字眼啊！进入青春期就预示着我们长大了，进入了人生中精力最旺盛、情感最充沛、思维最活跃的‘黄金期’。但我们却让这美好的字眼变了质：和父母顶嘴——青春期独立性增强惹的祸；和同学打架——青春期行为易冲动所致；不和父母、老师主动交流——青春期心理上的‘锁’在作祟；肆意向父母狂呼乱叫——青春期情绪不稳作怪……”

“似乎我们所有的变化、所有的不乖都可以用‘青春期逆反’做挡箭牌。因为你清楚，这个挡箭牌无所不能——你看的书中写着要善待青春期的孩子，你的父母从影视作品上学到要理解青春期的孩子，全社会呼吁要尊重青春期的孩子。所以，在这些呼声中，你肆意地践踏着‘青春’这个美好的字眼，来满足自我欲望，‘要挟’父母，顶撞老师。”

教室里安静了。

“固然，随着年龄的增长，我们身心有一些变化，总希望别人理解自己、尊重自己，但你想过理解别人、尊重别人吗？尤其是理解、尊重我们的父母！想一想，我们多久没和他们心平气和地说过话了，多久没表达对他们的爱意了。在我们看来，是父母变了，老师变了，变得没那么爱自己了，变得没那么和蔼可亲了。其实并非他们变了，而是我们变了。因我们的变化导致了父母、老师有时情绪失控。”

我激动起来：“亲爱的孩子们，我是老师，也是母亲。所以我最了解母亲在孩子肆意顶撞时的心情和感受，了解母亲的伤心和难过。养育孩子本来是希望给家带来幸福和快乐的，但是，大家给家带来的是什么？”

教室里静极了。

“我们让家变得不得安宁，我们让父母变得心力交瘁。青春期不该是这个样子！青春期预示着我们长大了，应该更懂事了。懂得为自己的言行负责，懂得控制自己的情绪；懂得关心、体贴父母，懂得珍惜同学之间的情谊。但是，我们不但没让自己长‘大’，反而越变越‘小’。为什么会这样？大家心里都明白：我们在用‘青春期逆反’做幌子！对吗？”

沉默，沉默，沉默……

“我有个提议：让我们从今天开始，让‘青春期’名副其实，还它一个清白！可以吗？”

“可以！”声音洪亮而坚定。

窗外，一抹温暖的阳光不知什么时候钻了进来，把孩子们的脸颊映照得熠熠生辉。

（杨丽玲，甘肃省酒泉市南关小学）

正视问题，用科学原则方法应对逆反

“两点”策略应对逆反心理

我经常接待一些家长和老师的来访，许多家长抱怨，不知为什么，进入中学的孩子跟变了个人似的，以前那么听话，现在你说什么，他就反对什么。面对孩子的变化，家长感到措手不及。更让人心痛的是，有些学生步入青春期，逆反心理凸显、亲子关系紧张、厌学情绪严重，甚至会出现离家出走、自残自伤乃至遭遇不测的结果。那么，对此我们该如何应对呢？

把尊重关爱作为应对的出发点

步入青春期的孩子，自我意识、独立意识增强，他们不再像小时候，什么都唯父母之命是从，开始有自己的想法和判断，或许这些想法还很稚嫩，但他们的这份“成人感”和独立性需要得到尊重。而在所有家长的眼里，不管孩子多大，永远都是孩子，家长具有与生俱来的优越感和权威性，他们总是以爱的名义去批评、教育孩子，要求孩子心悦诚服，要求孩子认错，而往往忽略了孩子的内心感受。

我们经常能看到这样的场景：一个孩子站在父母或老师面前，父母、老师坐着，要求孩子认识自己的错误，还要写出动辄千字的检讨。孩子耷拉着头一言不发，在父母和老师不断的教育之后，要么口中称是，满满的不爽却写在脸上；要么满心的委屈，听了半天的唠叨和教育后终于爆发，当面冲撞或拂袖而去。

要有效说服孩子，必须以维护他们的尊严和价值为前提。我们可以运用盖瑞·查普曼（Gary Chapman）博士在《爱的五种语言：创造完美的两性沟通》中提到的五种爱的语言——肯定的言辞、精心的时刻、接受礼物、服务的行动、身体的接触。平时就与孩子建立良好的亲子关系，当孩子产生逆反情绪和行为时，给孩子一个温暖的拥抱，唤起他对平时良好情感的记忆，这样可以更顺利地消解孩子的逆反情绪。

把增强同理心作为应对的切入点

我们的家长和老师应该增强自己的同理心，站在孩子的身边一起变得更好，而不是站在其对立面不断地挑剔、指正，不断地证明孩子是错的。这样，会让孩子不断累积负性情绪，不断产生挫败感，最终掉入逆反的泥潭中。

我们成人要比孩子成熟，这种成熟应该表现在能深入地体察孩子的情绪，并且调控好自己的情绪。当孩子发怒、情绪对立时，不妨冷处理，让自己冷静下来，同时关注孩子为什么发怒，设身处地为孩子着想，理解孩子的想法和情绪，即便他们的想法和情绪未必正确，也要先理解和接纳，而不是盯着孩子表达情绪的方式，要求孩子也要像成人一样理智地表达。可以跟孩子说："看上去你对这件事很生气，是吗？能跟我说说吗？""我知道你觉得很委屈，心里很难受，能把你的想法说出来吗？"听一听孩子表达他的情绪，为什么感到愤怒或委屈，有什么想法和愿望，"先解决情绪，再解决问题"。

我们要相信，每个孩子的内心都有向善向好的愿望，当你能理解孩子并让孩子感受到这份理解时，他们的情绪会平息下来，而父母的冷静、尊重、理解无疑也会给孩子树立一个榜样。如果我们不能关注孩子的情绪并给予同感理解，孩子就可能连情绪都不愿意在你的面前流露了，亲子之间的沟通就会冻结，逆反的情绪就会在心中累积发酵，甚至在一定时期爆发出来。

把发展自主性作为应对的着力点

我们知道，孩子在青春期产生逆反心理是很正常的现象。从某种意义上说，这是孩子走向成熟、不断成长的必经之路。我们要正确看待孩子的逆反心理，善于引导，善加利用，看到逆反带来的成长契机。

我们可以尝试着将孩子与问题分开看待，“孩子是孩子，问题是问题”，而解决问题的资源和方法就蕴藏在孩子身上，我们要将发展孩子的自主性作为应对逆反心理的着力点。我们可以和孩子探讨成长的话题，提升孩子对青春期逆反心理的认知，让孩子正确认识自己的情绪，并懂得自己的一些冲动行为是和自己的认知、情绪相关的，从而找到调整情绪、控制行为的方法。让孩子发现问题、解决问题，孩子更愿意实践自己想到的解决问题的方法。

我们还可以开设相关内容的班会课，运用叙事的方法，通过集体的力量、同伴的力量影响孩子，发展他们成长的自主性。例如，在班会课上，可以让学生进行角色扮演，表演出孩子与父母、学生与老师之间发生逆反冲突的情境，然后让大家和扮演者一起讨论分享，让大家分析每一个角色的感受，共同探讨化解逆反冲突的方法。当学生们集思广益地去探讨这样的话题时，他们就懂得了这样的现象很普遍，会更能接受自己的问题和错误，减少过度自责，和大家一起商量解决办法，并且更能理解和体谅父母与老师，更多地用平和的方式表达自己的意愿和想法，与父母与老师和解。当汇总了大家的解决方法之后，再让学生们重构故事情境，再次角色扮演，让大家共同学习，强化正确化解逆反心理的方法。

我们还可以让学生分享自己在何种情况下，能很好地控制自己的逆反情绪，寻找这样的例外，并让学生们谈谈当听到这样的经验时的感受。例如有学生分享:“当妈妈又在我耳边唠叨我的学习时,我刚想发火,转头一看,妈妈正削了个苹果递给我,我还看到妈妈的鬓角又多了几根白发。我想,虽然妈妈唠叨了一些,可她毕竟都是为我好,我不应该对她发火,我应该好好跟她说话,于是我跟妈妈说:‘我知道了,谢谢妈妈,我会努力的。’妈妈就没再像往常那样继续唠叨,而是欣慰地笑了。”我问这个学生:“当时你是怎么做到的?这样做了之后你有什么感受?”学生回答:“我当时想到了妈妈平时对我的关爱,就控制住了自己的不满和不耐烦。这样耐心地和妈妈说话之后,看到妈妈笑了,我也很开心。”然后,我让其他学生谈谈听了这个学生分享后的感受和启示。这样做,对这个学生是一个正面强化,对其他学生也是一种教育和影响。

青春期的孩子产生逆反心理是正常现象,逆反心理是在一定环境条件下形成的,也是可以在一定的环境条件下化解的。我们认真地分析逆反心理,掌握其形成的原因和发展规律,尊重理解孩子,增强我们的同理心,发展孩子成长的自主性,就可以避免消极逆反情绪的形成和发酵,还可以让孩子从中获得成长,引导其向积极方向转化。

(夏春娣,江苏省镇江崇实女子中学)

“三慢”方法化解青春期叛逆

有人说,青春期的孩子一半是海水,一半是火焰;一半是天使,一半是魔鬼。我就遇到过这样一个青春期逆反的男孩——小池。

小池的爸爸开工厂,妈妈开店,忙碌的父母无暇顾及孩子,只能尽量在金钱上满足他的要求;爷爷奶奶又只有这么一个孙子,着实是捧在手里怕摔了,含在嘴里怕化了;叔伯姨舅又因为他乖巧嘴甜而加倍疼爱他。正是在这样的生活环境下，他养成了活泼顽皮、无所顾忌的个性，于是状况不断：早上迟到懒散不做值日，中午偷偷溜出去上网，自修课上吃东西聊天，晚上没等下课就往食堂跑。生活习惯还可以通过一次次的劝说、约束来改变，而思想上的岔路却越走越远。心情不好，他随意烫发，声称发型的改变能带来心情的改变；喜欢某个女生，他居然高调示爱跑去表白；为了随心所欲地上网、买零食，他还高智商“犯罪”，伪造学校收费通知单骗取父母钱财……。小池层出不穷的问题、软硬不吃的态度，令我头痛无比，他保证书写了一大堆，他的父母也一再到校协助教育，可是都收效甚微。那该如何应对这样典型的个例呢？最后，我通过寻理论支撑、改心理状态，用“三慢”方法（“慢交流”“慢工夫”“慢期待”）化解了小池的青春期叛逆。

“慢交流”，搭建良性沟通渠道

师生间矛盾大多由沟通不畅引起。这固然有言不尽意的因素的影响，但更是由现实压力下以权威自居的师者和处于青春叛逆期的学生互不理解、互不包容，双方急促交流、急于说服对方所导致的。对此，我以为不妨持“慢心态”，做“慢交流”。

于是，在办公室、操场边、长廊上、大树下、食堂里、课堂上……，我都会轻轻地笑着望向他，长久地向他传递着一种善意、和解、亲密的信号，化解他生硬、叛逆、暴躁的情绪。

可能是由于我的恒心，也可能是因为我真挚痛心的泪水；可能是由于我的爱心，也可能是因为我事事过问的无微不至，我们终于慢慢地合拍融洽了。他笑称我就是他的唐僧师傅，他最怕我念“紧箍咒”；我就戏说他是我的小猴子，无论如何也翻不出我的五指山。

“慢工夫”，指引正确心理方向

心理学中有一种同一性理论，认为每一位青少年都渴望界定自己相对于同性的身份和相对于异性的身份，甚至早恋不过是自己制造事件来满足自己的价值需要，通过异性载体来实现自己的价值。由此我理解了小池为什么会“头可断，血可流，发型不能改”，也以全新的眼光来看待他有门不走偏走窗、蹦跳着摸碰电灯电风扇、上课铃一响就要上厕所等怪异行为——这些可能都是一个寂寞男孩无奈的青春展示！他是多么渴望得到别人的赞赏啊！

“班主任特别助理”是为他量身定制的职位。他爱表现，就让他管理班级琐事，再夸大其效果和意义，令他获取成就感的同时也密切了师生、同伴间的关系；他处事灵活，就让他处理棘手问题，绞尽脑汁献计献策的他也体会到了师者的苦辣酸甜。

冷静想想，“疾风暴雨”的青春期，产生诸种问题都有其意义。每个青春期男孩都狂热地想要表现自己、宣泄情绪，我们不妨提供一个舞台，指引他们像孔雀一样把美丽的羽毛展现出来。

“慢期待”，创设良好互动关系

心理学上有一个名词叫作“合理化归因”，就是说我们会给自己做的事情找理由，让它看起来更加合理，以避免我们受到自己内心过度的谴责。

为师者尤其需要审视“内心图景”。我们有时会迫于升学压力，以成绩高低评定好坏；有时会因光环效应，以主观感受评判优劣。内心的评判也会通过眼神、行动、细节等传递给孩子，日积月累的时间“尘垢”令“天使”蒙尘而变得青春叛逆、脾气暴躁。我庆幸自己并未冷眼以待、冷言讥讽、冷落打击，才看到了那个会感恩的、心中满是阳光和爱的天使。

2017 年 5 月，已经上大学的小池给我这一届的学生写了一封信，信中写道：

首先，恭喜你们，你们遇见的是一个很好很好的班主任——梁老师。你们能在她身上看到所有东北人的优点。……你们要明白，能待在她的班里是你们的福气。请记住这一点！不过，不要惹她生气，她体质本来就差，你们要多照顾照顾她。懂了吗?

是的，他已长大，不再是那个调皮捣蛋、青春叛逆的男孩。期待成长，相信未来，每一个孩子都会是一个奇迹！

正因为每一个孩子都是一个世界，正因为每一个孩子都会经历躁动的青春，所以师者之爱不应是纵容、宠溺，更不应是手段、威胁。师者之爱应该是宽容，是理解，是尊重，更应该是深层次的渗透和扶持。教育需得“慢交流”“慢工夫”“慢期待”，唯其如此，才能真正形成被接纳、被需要、被信任的良性循环！

（梁磊，浙江省长兴中学）

个性指导，让逆反成为学生成长的契机

因势利导，助学生告别逆反

处于青春期的孩子，除了身体方面的变化外，思维方式也逐渐从形象思维转变为抽象思维，自我意识逐渐增强，处处试图提醒“自我”的存在，往往采取和长辈对着干的方式来体现自我。所以，教师尤其是班主任看到学生逆反，不要动不动就发火，要知道这是人生一个特殊的生理、心理时期，是人生发展的自然规律。既然是规律，就要尊重、遵循，学会利用，因势利导，变劣势为优势。

放低姿态，虚心请教——提供展示的舞台

学生小潼学习成绩不太好，却老爱挑毛病，目中无人，看谁都不顺眼，对老师“吹毛求疵”。科任老师纷纷诉苦说：“刘老师，只要小潼在课堂上，这课就没法上了。把他调走吧！”面对这种状况，我跟任课老师保证：“请容我一段时间。”

我问小潼：“你喜欢的课堂是什么样的？”小潼侃侃而谈：“课堂是学生的，就要让学生做主，为什么课堂上不允许学生发表意见？把课堂还给学生嘛！”我认为他说得有道理，于是自作主张让小潼在我的政治课堂上秀一把。我首先跟小潼“商讨”上课的内容，哪些需要讲，哪些不需要讲；怎样讲合适，采取什么方式好，让他按照自己的思路做好准备，并试讲一遍。我认可小潼的观点，对他不成熟的思路加以点拨，并针对细节问题和他进行充分讨论。然后，在政治课堂上，我这样说道：“同学们，今天老师嗓子有点不舒服，请小潼为大家上这节课。小潼为此做了充分准备，请大家欢迎。”掌声响起，小潼从容走上讲台。这节课下来，总体上不错，学生们的反响比我预想得要好。

说真的，小潼在调动学生积极性方面比我做得好。在课堂上，他对那些打断他讲课的学生提出批评——不许打断“老师”讲课和同学听课的思路。将心比心，他理解了老师，在之后的课堂上能尊重老师，很少再出现不礼貌的行为。

尊重理解，顺势利导——变不利为有利

相信每个班主任都为学生所谓的“早恋”问题苦恼过。我也遇到过，并且不止一次遇到过，解决的方式不同，效果也不一样。

高三二模之后，平时学习非常优秀的小培考试成绩直线下降。我不是一个一味看重分数的班主任，但对小培的现状也感到十分担忧。小培的

问题出在哪里呢？通过调查了解，我发现小培恋爱了，近段时间频繁地跟“班花”小会外出，一会儿说去买学习用品，一会儿说自行车胎爆了要去修……。同学、班委也反映，他俩过从甚密，不把学习放在心上，难怪成绩急剧下滑。小培是那种一根筋的孩子，他认准的事情，九头牛也拉不回来，如果硬碰硬，不仅成绩提不上去，还可能对他将来的生活产生不利影响。于是，我专门召开了一次班会。

这节班会的主题是“青春期的梦想”。我的开场白是：“青春期是人生的一个重要节点，美好的一生就从这里开始。情窦初开，对异性有好感，是一件十分正常而美好的事情。如果你已经 18 岁了，跟同性称兄道弟，却非常讨厌异性，那我会为你担忧，劝你去看心理医生了。”全班同学大笑，小培也跟着一起笑。我接着说：“恋爱可以，但要掂量掂量自己的肩膀能否承受得住，你能担负起自己吗？你能为对方负责任吗？对方是你一生一世的爱人吗？另外，你确定将来就在我们这个城市生活吗？或者你决定到其他地方去，你能把你的爱人带过去吗？你的爱人会跟你一起去吗？恋爱不仅仅是两情相悦，更是要对自己负责，也要为对方负责。这些都考虑好，还十分坚定，那么，我祝福你，大胆去恋爱吧！”全班同学再一次大笑，小培若有所思。

一味地指责、批评，只会把学生推得更远；相反，尊重理解，表明利害，学生自己会权衡利弊。小培后来的表现证明了这一点。他顺利考上了省城的大学，后来读了北京一所高校的研究生，再后来去了加拿大留学。

避其锋芒，发挥强项——未来的大牌设计师从这里诞生

我发现，叛逆心强的学生，往往具有某些方面的天赋，所以不能一味地揪住尾巴不放，应该让其大展拳脚，发挥优势、强项。

学生小周学习成绩优秀，尤为擅长数学和美术。但他一向特立独行，个性特征很明显，用他自己的话说，不喜欢“同流合污”，不模仿别人，也不喜欢别人模仿他，傲娇得不得了，恨不能眼睛长在脑门上。

平心而论，科任老师大都喜欢他，因为他的学习成绩可以为自己的学科锦上添花。而最头痛的是班主任，因为他的衣着打扮完全不符合学校要求，政教处天天问责班主任，班级量化分因此被扣除不少，小周也被停课回家反省了好几次，可他依然我行我素。无奈之下，他转入了我班。

班有班规，校有校纪，每天看着他“不伦不类”的打扮，我头痛不已。找他谈了几次，他每次都用“我为什么要穿得跟别人一样？我觉得这样穿没有错！这样穿，很好呀！年轻人就是应该有自己的个性”等寥寥数语把我顶回来。第三次，我怒了：“有本事你给我们全班每人设计一套班服，只要大家喜欢，我去向学校申请；如果大家不喜欢，你就老老实实地穿跟大家一样的衣服！”我原本想，这下小周就傻眼、犯难了。可一看，小周的眼睛却放光了：“老师，您说的是真的？”我郑重地点点头。“老师不许反悔！”小周吐吐舌头，一溜烟跑了。

接下来一段时间，小周老实了许多，我终于可以过几天太平日子了。原以为这件事会不了了之，谁知半个月后小周扬扬自得地来找我了，并且拿出一沓服装设计图。我专门找了一个做服装设计的朋友咨询，得到的回复是：“有品位，有个性。”原来这段时间小周除了学习之外，就一直在琢磨这件事，没工夫捣鼓其他事情了，他既要征求每个同学的意见、要求，又要考虑班级的总体设计、规划，这让他把平时的自尊、自傲统统抛在脑后，与同学们打成了一片。后来，这套班服在校运动会暨校园艺术节上亮相，惊艳了全校师生。小周得意极了。

再后来，征求家长意见后，小周又为我们班设计了夏季、冬季班服，便宜实惠又好看，学生在穿衣上面不再攀比乱花钱，家长也非常满意。小周的着装也不再另类了，一个棘手的问题终于解决了。

现在，无论遇到什么样的学生，我都能坦然面对。遇到乖巧听话的学生，我觉得是上天对我的垂怜；遇到逆反的学生，我就当磨炼我的意志，锻炼我的能力，充分施展我学习心理学的优势。

（刘勤，河南省平顶山市第二高级中学）

变“废”为宝，让青春期绽放光彩

小扬是一个因交友不慎而堕落的“问题学生”，在转到我们班之前，学校本打算勒令他转学。这次转班的原因是他跟一些朋友“行侠仗义”，在校外打群架。更可气的是，他还特意通知相关老师，一方面让老师去观战，另一方面也给老师一个开除他的理由。小扬不止一次得意扬扬地向我讲述他的“英雄事迹”，以此来挑战我的权威，也借机试探我的容忍度。

请家长，无奈、绝望、无助是家长传递给我的主要情绪。通过家长的反应，我判断这是一个自暴自弃的青春期孩子，倔强、自我、沉迷游戏等问题在他身上被放大了几十倍，而且他的堕落、放任自流又是那么的彻底。

我信奉一句话：“世上没有垃圾，只有错放了的资源。”对于人也是，我相信，他身上肯定会有闪光点。

我开始努力观察小扬，他虽然表面上放荡不羁，对什么事情都满不在乎，但是我知道，此时此刻的他急需别人的帮助。我也捕捉到了：当别人琅琅读书时，他面对课本的迷茫与无助；当别的同学被表扬时，他眼神中一闪而过的羡慕；当别的同学下课后三五成群地结伴而行时，他的孤独与落寞。而且我也通过其他人了解到，他平时玩的“英雄联盟”之所以吸引人，是因为强烈的团队意识——为了部落而战。我决定抓住这一点跟他进行交谈。

又是一天早读时间，我装作漫不经心地走过他身边，“随手”把一张纸条“丢”在他的桌子上：“你同桌知道你是一个很有团队意识的人，想请你帮个忙，怕当面说你会拒绝，就请我转述，不知道你怎么想？方便的时候请以你的方式告诉我。”

让我没想到的是，我前脚刚出教室，小扬后脚就跟了出来，恶狠狠地把纸条扔在地上，说:“你要我有意思吗? 我能帮上什么忙? 想让我在别人面前出丑，你们休想。”

看到他因生气而涨红的脸，我也很生气，气他连最基本的礼貌都做不到。我愤怒地瞪了他一眼，转身离开。

但我知道不能放弃，等心情平复下来，我又找到他说:“我为刚才情绪失控向你道歉。我虽然不知道你同桌为什么会让你帮他的忙，但是他那个人我还是了解的，很朴实，绝对不会看任何人笑话的。作为你的老师，我绝对没有要看你笑话的意思。希望你能给自己一个机会，也给别人一份希望。”

也许是因为我的道歉，也许是因为我的坦诚，也许是因为意识到自己错了，总之，小扬羞愧地低着头，静静地听我说话。

“我希望你再好好想想，想好了，还是以你喜欢的方式告诉我，我好回复你的同桌。”我又明确了一遍，也是为了再给他一个机会。

第二天，我远远地看到他背着书包在办公室门口徘徊。我走近时，他故作傲慢地说:“我就帮忙试试吧，但是结果怎样，我可不能保证。”说完，不等我有什么表示就走了。

我又找到他的同桌小君说:“虽然小扬有这样那样的缺点，但作为同桌，你能不能帮帮他? ”小君开始不愿意，但在我的劝说下还是答应了。我说:“他的基础太弱了，我们就从最基本的东西开始，要不就从读书开始吧。你读书读得好，字音准，句子顺，感情也很丰富。你读给他听，时间长了，我相信他会耳濡目染的。”“好的，老师。”听到我的鼓励，小君坚定地说，“只是，我不知道怎么对他说。”“小扬这样的人特别要面子，你帮他不仅不能让他感觉到，还要让他觉得是他在帮你。要不，你就说，最近读书发现有些字音拿不准，想请他帮忙听听，如果有错音，就请他帮忙指出来。”“好的，那就这么办。”

小君的帮忙开启了小扬改变的第一步。

二

“最近帮你同桌帮得怎么样？”我试探性地问小扬。

“小儿科，我帮这个学霸提出了很多宝贵的意见。”小扬有些骄傲地说。

我知道自己可以开始第二步计划了。

“这么好，老师也有一个忙需要你帮，不知道你肯不肯给面子？”

“什么忙，只要不是像我同桌那样小儿科就行。”

“咱班的多媒体我总是弄不好，听说你电脑技术不错，以后你来负责这块吧。”我充满期待地看着他。

“好的，小意思。”

我很欣慰，终于不用再为多媒体问题发愁了。

又过了几天，我找到小扬说：“你现在对多媒体操作越来越熟练，万一哪天你休息了，咱班没有人会，那怎么办？”

“老师，我也正想跟您说这件事情呢。我发现咱们班玩电脑的同学不止我一个，我想把他们都组织在一起，成立一个 IT 小组，专门负责多媒体以及其他相关工作。”

“这个提议不错，你一思考，咱班都要震三震了。”我对他给予高度肯定。

小扬不好意思地笑了笑。

“不过，我也有担心，”我很严肃地说，“你们都还没有成年，很多时候经不住诱惑，万一又沉迷到游戏中去怎么办？”

“老师，我们之所以沉迷于游戏中，是因为在现实世界里找不到存在的价值，没有人理解我们，愿意给我们机会，大方地肯定我们，所以我们才在游戏世界里寻找价值和自我存在的意义。其实，我们也知道那里面太多都是虚拟的世界，越沉迷，我们也越痛苦。当然，玩的过程还是很刺激的，结束的时候才痛苦。”小扬义正词严地说。

“我还是有些不放心。”我充满忧虑地说。

“老师，我给您写保证书。在家，您让我爸妈监督，如果我玩游戏，就没收我的电脑。”小扬着急地说。

“好的，你开始组建团队吧。同时，保证书也要赶快交啊，我会跟你爸妈联系的。”

“好的。”从小扬的语气中，我听到了坚定。

班里的 IT 小组出乎了我的意料，孩子们虽然天天在接触电脑，但是跟几个家长联系时，他们都反映没有人玩游戏，而是很认真地研究电脑技术，并常常在线交流解决难题。

后来，这个小组承包了班里所有跟电脑相关的事情，甚至谁家的电脑坏了，一个电话就能解决问题。

小扬的努力，他带领团队的热情、专业得到了越来越多同学的认可。在评选“进步最快学生”时，80% 的学生把票投给了他。我让他发表一下获奖感言。他说：

青春是一本纪念册，我们用尽了所有的期待，翻开这本册子，里面的内容可能并不心遂人愿，甚至是灰暗的，比如我尚未走完的青春。不管怎么样，请坚持不要放弃自我。我清楚地记得当初马老师告诉我的话：给自己一个机会，也给别人一份希望。今天我把这句话分享给大家，敬我们无悔的青春。

说完，小扬把手比成酒杯状，下面的同学笑作一团。在这笑声里，我看到了朝气蓬勃、意气风发的青春。

（马亚超，河南省实验小学）

青春期是学生最具活力的时期
——青春期学生逆反，怎么办?

青春期教育是教育领域长久不衰的话题，几乎涉及从小学高年级到高中的各个阶段，与班主任的工作更有密不可分的关系。在这方面，许多有经验的班主任都是很好的专家，在他们的经验中充满了教育的智慧。

一般而言，学生的青春期在12—16岁，但近年来由于食品、环境、药物和文化影响等方面的原因，青春期发生了一些变化，有的提前至小学5—6年级，即10—11岁，也有的延续到19—20岁。这样就使原先时段比较清晰的青春期几乎覆盖了中小学阶段，成为教育者、家长，尤其是中小学班主任不得不正视的问题。

青春期对于中小学生而言，既是身体发育表征明显的典型生理阶段，又是自我意识萌发和增强，以及心理开始走向成熟的重要阶段。在这一阶段，他们快速成长，既兴奋又有困惑或恐惧，需要得到父母、教师和成人社会的更多关注、引领与帮助，但又非常希望脱离家长和教师过于紧逼的管理与控制，使自己更为自由和自主地发展。

站在教师和成人的立场上，面对标准和规范的教育、教学要求，学生们在青春期容易出现的一些对抗、偏激、另类的言行举止而被视为“叛逆”，严重的甚至会产生犯错、犯罪的冲动以及精神异常等问题。因此，青春期通常也被视为学生发展最典型、最强烈的“反抗期”，必须予以充分关注，给予适宜的帮助。

而从学生角度来看，这类“叛逆”是正常和正当的，只要不触及违法，都是应该被认同或宽容的。因此，教与学双方因立场和观念不同，对青春期问题的认识、态度以及选择的应对方法等方面均有明显的差异。可见，解决好学生的青春期问题，绝非仅是个别性的具体问题，还必须在教与学双方先搭建好相互理解和沟通的平台，在教育和发展目标上形成基本的共识。

一般而言，要想合理、正确地对待青春期的问题，教师、家长和学生要有对青春期的生理学、心理学等方面的科学认识。科学认识可以回答什么是青春期，包括基于生理的变化和身体成熟的原因，在心理、情绪和思想上可能会出现的不同程度的波动，对每个个体的身心发展都会产生程度不同的影响。向积极的方向发展，会促进学生更快更好地成长；向消极的方向发展，很可能激化矛盾，引发严重的后果。

但仅从科学的角度对青春期有认识还不够，还需要用哲学的思考来帮助我们去正确地把握，选择和确定自己的态度与原则。比如，同样对待青春期的问题，采用什么态度、具有什么想法，是积极的对待，还是消极的适应，或是放任纵情，其结果是会有较大差别的。比如，在青春期，学生的普遍状况是自主性和自我意识增强了，精力也相对旺盛，这时候教师和家长若能更多地给学生自主判断、自我选择的空间，给予他们更多的信任和自由发展空间，因青春期带来的“能量”就会向积极的方面释放。

也许有的老师会说，不给他们自由、自主的空间，他们还经常出问题呢，自由给多了，更不可收拾。对于这方面的顾虑，古人早有“因势利导”的智慧，并认为“浪子回头金不换”。意思是说，对于不安分、不顺从教导、不守常规、做不成事、桀骜不驯、情感与情绪超越理性、经常有出格问题的学生，从另一个角度看他们的这些问题可能都是难得的优点，即精力旺盛、思想活跃、自信心强、有创造和拓展性、善于交流和做事、有抗挫折的体验和能力。如果我们的班主任能够和学生充分地交流与沟通，能够准确地了解学生的身心发展状况和对自己的判断，就有可能多从积极的方面看问题，并通过积极的引导化消极因素为积极因素。

一旦学生出现青春期逆反，可能的情况不外乎与同学、家长、老师的关系变得激化、对立、不可收拾，甚至可能有过激或危险的行为。遇到这样的情况，先要找到引发这一冲突的直接原因，并使产生这一原因的逻辑链条暂时中断。比如，矛盾的双方是家长和孩子，则班主任或同学来做工作比较适宜；矛盾的双方是师生，则家长、同学做工作比较适宜。当然也有例外，如果作为教师或家长的成人有足够的诚意和智慧，“解铃还须系铃人”的做法效果应该是最好的。

从生理变化的阶段性特点看，学生在青春期阶段出现的各类问题都是可以理解、需要体谅的，就像成年人会在更年期出现各种难以控制的情况一样。为此，当发现学生的言行举止出现异常，且能判断是因为青春期所致，问题的解决方法就应该能找到了。

首先，要让学生了解什么是青春期，在青春期阶段会有什么样的积极发展，同时也会有什么样的不理智表现。一般人所忌惮的青春期问题，多是指学生做事或处世情绪化、不理智、反抗性强、易走极端，疏导不好很容易酿成严重的问题。但是，仅让学生了解这些消极的方面还是不够的，因为这会使学生错误地理解、消极地对待自身发展的这一特殊阶段，甚至会限制其正常的身心发展。要使学生意识到，青春期是充满青春活力的过渡时期，各方面能力的发展在这一时期都会有明显的效果。关键是如何来把握自己的能量、情绪，使自身的发展更为健康、充分、美好。

其次，班主任要对不同学生在青春期阶段的表现予以更多的关注，给予更细微的指导。除了在生理上、心理上帮助所有学生安稳度过这一特殊时期，指导他们做好自我保护和善于把握自己的情绪外，还要相信，在社会化特点较强的学校中，学生们的言行还是主要会被理性控制的，较之在家庭和社会，他们更容易被班集体的氛围所影响。因此，班主任要指导学生干部，特别是生活委员，多多关注和了解学生中的问题与变化，并对遇到困惑和问题的学生给予及时的关怀与帮助。

最后，要对不同学生的不同问题给予具体分析，切忌将个别现象扩大为普遍问题，并能因势利导地帮助学生“转危为安”。班主任要善于细化对每个学生的分析，弄清楚他们出现的问题是属于生理问题、心理问题、情绪问题、学习问题、交友问题，还是家庭和社会问题。如果有针对性地加以引导，很多问题都能妥善化解。比如，面对嫉妒心很强的学生，可以引导和帮助其转化为“见贤思齐”的动力，和其一起策划、研究自身发展的策略，摒弃粗暴、恶搞等不良言行。

作为班主任，要有能力帮助所有在生理上、心理上、思想上、情绪上遇到困惑的学生走出困境，通过了解学生、研究学生、与学生交心，帮助他们积极地投入到正常的学习和生活中去。

在学生的青春期发展过程中，家长和班主任会比较担忧学生的早恋问题。因为这常常不是“调皮捣蛋”学生的问题，而往往是那些所谓的“学优生”容易出现的问题。

在小学或初中出现的学生恋情可谓典型的早恋，而在高中阶段就有一定的合理性了。教师和家长之所以也不赞成高中生谈恋爱，其最重要的原因是因为中国的性教育（包括性别意识教育、性生理教育和生殖教育）很不到位，有不少初高中的学生因为受到不良媒体的影响，把神圣的爱情错认为是刺激的性行为，甚至会有性体验。对于这些学生而言，他们还不懂得什么是爱情，甚至会误把性吸引认定是爱情，其结果是既影响了正常的学习、生活，也放弃了自我责任和自我保护，给自己未来的人生带来不可估量的烦恼。

对于性教育和爱情婚姻教育，我们现在的教育是有明显缺陷的。在国外一些教育发达国家，性别意识教育和性保护教育是从幼儿园就开始的，从小学开始，家长和教师都会指导学生确立交友，特别是异性交友的基本原则，在青春期或高中阶段，生理知识的学习、社会责任的讨论、自我保护能力的提高等，都是家庭、学校和社会共同作用的结果。

其实，我们反对的早恋，是不理智的异性吸引，是不能承担爱情、婚姻和家庭责任的冲动，而不是真正意义上的恋爱。尽管早恋的原因和责任都不能仅限于学校，但作为教育者，班主任有必要把问题讲清楚，把理由讲明白，让身在其中的学生能够在老师和家长的共同努力之下，认识到自己陷入早恋的“危害”，将纯洁美好的同学情感变成促进学习和发展的重要动力。特别在高中阶段，对于生理和心理都比较成熟的学生而言，简单、生硬、激烈地反对早恋，远不如给他们更多具体、积极、温馨的建议。

青春期的教育很复杂，不是一两个原则就能概括的，更需要有相关的经验、经历做参考。一方面个体的差异很大，有些学生的青春期反应很强烈，有些则并不明显，其原因或因为具体的生理差别，或因为性格和心理的影响，还可能是因为饮食或其他敏感问题，具体表现也会程度不同或多种多样，不可能是标准划一的典型表现，需要有因人而异的经验意识。另一方面，通过相对直观和容易感受的经验，如哥哥姐姐或高年级同学的青春期先行表现，可以作为弟弟妹妹或低年级同学的重要借鉴，包括各类成功的经验与不成功的教训，都能对教师和家长的教育，以及学生自己安全、顺利地度过青春期，实现合理、健康的成长，提供多方面的启示与帮助。

总而言之，正向的引导是教育的主渠道，让学生、教师和家长都知道青春期时学生易冲动的特点，而不是把这一阶段学生的一些冲动言行视为大逆不道。要意识到，青春期不等于非理智期，学生在情绪平稳的一般情况下是可以与家长、老师、同学等正常交流的，也是可以讲通道理的，只要学生感受到班主任的真诚、耐心和关爱，许多看似严重的问题均是可以迎刃而解的。

（程方平，中国人民大学教授）

2 学生考前过于焦虑，怎么办

减压减负，从外部给予学生良好支持

父母淡定，别让孩子“压力山大”

——放下焦虑，才能笑出来

继上一次考出 86 分后，这次小瑜只考了 82 分，一拿到试卷，她就哭了起来。

我带她到办公室，任由她哭泣，这时她最需要的是发泄。等她的情绪慢慢平复后，我说：“自从上次考试后，你就对自己产生了怀疑，觉得自己会考不好，慢慢地你越来越没信心，一些基础题都不会了，是不是这样？”小瑜点点头，说：“每次只要考不好，妈妈就会说我：‘为什么又没考好？这样的分数怎么上中学？’我感觉一次比一次压力大。”

据我所知，小瑜的妈妈在教育子女的问题上一直都比较强势，内向的小瑜只能默默承受。她的压力主要来自父母，只有联系家长一起帮助她，才能真正缓解她的考试焦虑。于是我对她说：“老师会跟你妈妈谈一谈，你一直都很优秀，现在你需要的是重拾信心。”我让小瑜把她想对妈妈说的心里话写在师生交流本上，由我来和她妈妈沟通。

以我对小瑜妈妈的了解，她“望女成凤”的愿望十分强烈，所以送走小瑜后，我就开始思考跟小瑜妈妈沟通的方法，然后收集了一些有关考试焦虑的资料。

下午放学，小瑜妈妈来接小瑜，我邀请她到办公室聊一聊。还没等我开口，她就抢先说："小瑜这次又没考好，是不是上课没认真听？我打算给她补一补，您知道哪里的补习班比较好吗？"

我被这一连串的话问懵了，不过我仍提出了我的问题："您也觉得小瑜最近成绩越来越不稳定吗？"

小瑜妈妈回答是。我接着问："您有没有试着和小瑜谈一谈？"

她说："我和她聊，她总是不愿意说话。"

之前我从小瑜那里了解到，她妈妈每次和她聊天都是占据主导地位，只要她不顺着妈妈的话说就会被强行打断，久而久之，小瑜自然不愿意再跟妈妈沟通。

"您想过小瑜为什么不愿意跟您说话吗？这是小瑜写的心里话，您可以看看。"我边说边把小瑜的师生交流本递给她看。等她看完后，我说："小瑜觉得和您说什么，您都会找一堆理由来压制她。现在的小瑜，还没考试就担心考不好，这样下去，孩子很容易出现心理问题。"

小瑜妈妈似乎终于意识到问题的严重性，忙说："这段时间我也注意到小瑜越来越不想和我聊天，原来是我给她的压力太大了。那现在该怎么办？"

"做任何事情，适度的压力是好事，有助于挖掘个人潜能，最大限度地发挥水平。压力太小，动力不足；压力过大，长期处于高度紧张状态之中，则会产生很多消极影响。就像弹簧，施压超过弹性限度后，弹簧就再也不可能复原。所以，作为父母，我们需要的是相信孩子，给予她鼓励，这样，她才能真正摆脱考试焦虑。"我继续加一把火，和小瑜妈妈分享我收集到的由于学习压力过大导致孩子出现心理问题的案例。

见小瑜妈妈已经开始重视小瑜的心理状况，我接着说："适当的压力可以促进孩子成长，过大的压力则会让孩子产生厌学情绪，这也是小瑜现在的学习成绩越来越不稳定的原因。接下来，我会多关注她在学习上的进步，多给她一些鼓励，希望你们做父母的也能这样做，我们一起努力，一定能帮助小瑜摆脱考试焦虑。"

小瑜妈妈点点头说："以前我一直忽略了她的想法，总觉得小孩子不懂事，需要大人引导，没想到竟然给她造成了这么大的心理压力。李老师，谢谢您，我会试着改变的。"我相信小瑜妈妈会和小瑜好好谈一谈，更多关注她的心理需求。接下来，我也不时和小瑜妈妈交流小瑜的变化。

期末考试如期到来，小瑜发挥出了正常水平，我对小瑜说："你看，只要你正常发挥，就仍是优秀的！"小瑜很开心自己的变化，脸上又出现了笑容，这是释然的笑容，也是发自内心的笑容。

（李伟明，福建省晋江市第二实验小学）

教师从容，莫让师爱"过犹不及"

——警惕"消极暗示"

几年前，我中途接手了一个各方面都很优秀的班级，马上就要休产假的班主任宋老师特别嘱咐我：班里的小清在平时阶段性检测或小测试时成绩都很优秀，但期末考试成绩都不理想。据她观察，小清有严重的考试焦虑症，所以每次大型考试前她都要和小清聊一聊，给他宽宽心，缓解一下焦虑情绪。她还说，真怕小清参加中考时因为考试焦虑而发挥失常，成为自己人生中的一大遗憾。我宽慰道："离中考还有一年多呢，你不用担心，我会注意他的！"

有了同事的嘱托，我对小清多了一份关注。我首先找出小清入学一年多来的考试成绩统计，的确如宋老师所说，小清平时成绩都很优秀，可是期末考试和升级考试成绩却差得离谱。宋老师一向尽心负责，当她发现小清有这种迹象时，一定是多方了解才确认他有考试焦虑的情况，那她也一定做了很多工作来帮他缓解，可为什么效果不明显呢？会不会有其他问题没被发现？

带着疑问，我在日常教学和生活中用心观察，发现小清上课积极，反应灵敏。各科老师都反映他学习习惯很好，属于让老师特别放心的孩子。小清的家庭和睦，爸妈很注重孩子的教育问题，对他的期望值比较合理，尤其是发现他每次大考都会失利后，宋老师及时和他们进行了沟通，他们便更加小心翼翼了，不会对孩子提过高的要求，还总给他宽心。经过两个月的观察了解，我竟然没发现小清有什么“异常”。

眼看升级考试就要到了，一般每到考前我都会和每名学生进行“谈心”，按学号逐一进行。虽说是谈心，却并不刻意。有时走在校园，看到某位学生，我就走过去，或挽着胳膊，或搭着肩，或并排走，随意聊聊；有时在餐厅，对着正在吃饭的学生说几句；有时在学校门口一起等校车时跟学生说说笑笑；当然也会在办公室，可一般都是他们到办公室有其他事时顺便聊两句。

在这一次次看似随意的“谈心”中，我从不郑重其事地谈考试，却谈了考试该注意的事项：“你看你的黑眼圈，要注意身体，晚上不要学很晚呀！”“吃饱了吗？身体可是革命的本钱啊！”“你有时会眼高手低，记住要看看那些基础知识呀！”“等校车也不穿暖和点，这么冷的天，冻感冒了可不好！”“马上就考试了，加油啊！”“别毛毛躁躁的，要稳扎稳打才行！”“万丈高楼平地起，打好地基才能盖高楼！”……小清也享受到了这样的“优待”，当然给他的感觉也不是刻意的。

升级考试如期而至，这个班一如既往地优秀，而小清却破天荒地没有考砸，虽不是很理想，但是比起之前的情况已经好了很多。我和他一起分析试卷，发现问题出在最基础的概念性问题上。我没有语重心长地一再叮嘱，而是轻快地说：“下一步对基础内容不能掉以轻心啊！”直到中考，他的成绩都相对稳定，最后早早进入了自主招生范围，提前锁定了理想学校。

寒假，小清和几名学生来看我。我说：“小清，你如愿进入了理想学校，可要感谢宋老师，她对你可是真心的好呀！”

没想到小清却说："我知道她对我好，可她对我越好，我压力越大，越怕考不好。特别是大考以前，她总会把我找去聊天，让我不用注重结果，努力了就好。她不说还好，她越说我心里就越担心，考试之前就会失眠，考试时头脑发胀，导致成绩不理想。"

竟然是这样？我诧异地问："可我看过你的成绩分析，你第一次寒假期末考试就考得不理想呀！"

小清叹了口气，说："往事不堪回首！我觉得自己记忆力特别是短时记忆挺好的，小学时对于背诵的内容喜欢考前突击，可升入初中以来科目一下变多了，平时小考的时候，考的范围少，我还能突击完，可期末考试时，那么多科目，那么多内容，怎么可能背完？所以第一次没考好。宋老师看到我成绩下滑那么厉害，就和我一起找原因，我不想告诉她是因为自己平时偷懒了，当她问我考试前是不是睡不着觉，考试时是不是很紧张时，我就顺水推舟撒了个谎，结果……。实际上自从第一次惨重教训后，我已不再'考前突击'了，可后来每到考试时，我却因为怕考不好而真的就考不好了。一些本来静下心就能解决的题，却因为紧张，越着急越做不出来了，后来考不好就不是基础问题了。"

谜底终于揭开了：一方面，宋老师在无意中给了小清消极的暗示，暗示他存在考前焦虑症状；另一方面，宋老师过于频繁并且郑重的提示、安慰，反而增加了小清的压力，间接导致了他的考前焦虑。

江苏省特级教师李凤遐曾经说过，在人生成长的关键期（初中至高中），教师对学生的影响力达到50%到70%，学生十分关注老师对自己的情感和态度。在学生遭受某一方面的挫折时，老师要理解学生的感受，挖掘学生内心深层次的东西，帮助他们勇敢面对和积极承担，但同时也要把握好度，不能过犹不及，否则会事倍功半。

（吕志敬，山东省东营市利津县北宋镇实验学校）

疏导鼓励，从内部调节控制焦虑情绪

矫正认知，帮助学生正确认识考试

——考差了是不是很丢脸

【案例描述】

初三女生小丽学习努力，成绩优秀，每学期都被评为“三好学生”，一直受到老师的赞赏。但近段时间，小丽情绪低落，注意力易分散，学习效率有所下降，考试前会紧张，睡不好。有一次化学考试，监考老师刚进考场，小丽就说头晕，要求回宿舍休息，导致缺考。

在老师的建议下，妈妈陪同小丽来找我做心理疏导。小丽语言表达清楚，思维连贯，理解能力较强，但看上去有些紧张。原来，她在前一次月考时因成绩一贯较好的化学考试意外失利，导致总成绩排在年级前 10 名之外。老师评讲试卷时她感觉老师和同学都看不起她，因此心里不舒服，觉得很丢人。自那以后，一上化学课她就不自然，注意力容易分散；每到考试前，就会心里烦躁、紧张，担心考不好会受到老师批评，害怕考不上重点高中。她母亲反映小丽学习上一直很努力，成绩也很好，希望她将来能考上重点大学，并继续读硕士、博士，找一份受人尊敬的稳定职业。

小丽的症状属于考前焦虑，主要原因是一次化学考试失利后，主观上产生了一定的认知偏差。经过分析思考与协商，我选择了阿尔波特·埃利斯的合理情绪疗法来帮助小丽改变认知偏差，缓解她的焦虑情绪。

【引导过程】

合理情绪疗法认为，引起人们情绪困扰的并不是外界发生的事件，而是人们对事件的态度、看法、评价等认知内容，要改变情绪困扰，不需要致力于改变外界事件，而要通过改变认知，进而改变情绪。因此，我采取了以下几个步骤进行疏导。

第一步，引导父母改变过高期望，关注孩子的情绪问题。

刚开始，我先肯定了小丽的求助意向，表达了对她出现考前焦虑的理解，让她明白很多同学都会遇到这种情况。接着，我通过与其母交谈，了解到父母以前对女儿要求严格，期望值高，使女儿心理压力很大，难以承受失败；女儿平时乖巧、懂事，所以他们也没太关注她的情绪。这次女儿出现明显的情绪不良，母亲才意识到问题可能有些严重，但不知道该怎么引导，所以陪女儿来咨询。经过交流，母亲表示愿意改变以前对女儿的高要求和高期望，以后会加强与女儿的沟通、交流，关注女儿的情绪问题。我向她推荐了一些与认知相关的心理学书籍，建议她读一读，以便更好地教育引导女儿。

第二步，帮助孩子领悟控制情绪的关键是改变不合理认知。

在帮助小丽初步了解合理情绪疗法后，我开始引导她发现与矫正自己的不合理信念。以下是部分对话。

我：我很理解你目前的心理处境，每一个和你有类似经历的人都可能会与你有相同的感受。请你想想，是什么原因导致了现在这种状况?

小丽：就是化学考差了。

我：这是学习过程中经常会发生的事情，我们称之为“诱发事件”，但它可能并不是直接引发你出现不良情绪的原因。

小丽：那是什么原因呢？

我：是你对这件事情的看法。人们对事物都有一些自己的看法，有的是合理的，有的是不合理的，不同的想法可能会导致不同的情绪产生。如果你能认识到你现在的情绪是你头脑中的不合理想法造成的，或许就能控制你的情绪。

小丽：那是怎么回事呢？

我：我们举个例子，假设你正准备吃一个你很喜欢的冰激凌，却发现别人没经你同意就用勺子舀出了一部分。此时你会怎样？

小丽：会很不开心，甚至还会发脾气。

我：如果我告诉你，那个人是看到冰激凌上有一个蚊子，帮你去掉了，想让你吃到干净的冰激凌，你还会不开心甚至愤怒吗？

小丽：肯定不会，我还要感谢他呢！（笑了）

我：你看，同样一件事——他舀了你的冰激凌，但你前后的情绪反应却截然不同，为什么会这样？那是因为你对这件事的看法前后不同。

小丽：原来是这样！可是我的考试成绩确实不好呀！

我：就你的问题来说，其他同学也可能遇到。请你说说，这次化学考试还有其他像你一样考得也不理想的同学吗？

小丽：有呀！有的比我还差呢。

我：你说不止你一个人化学考试不理想，说明考试失利是常见的事，但并非每个人都像你现在这样情绪低落，你知道为什么会这样吗？

小丽：好像那几个同学确实没怎么样，为什么呢？

我：如果你对考试不理想带有一些不合理的想法，就会导致不良情绪。但是反过来，如果你改变了这些不合理的想法，那么你就能够控制好你的情绪。

小丽：我有不合理的想法吗？不合理在哪里呢？

我：我们来了解一下怎样区分合理与不合理信念。心理学认为，合理信念符合“基于事实、使自己愉快、更快达到目标、不找麻烦、很快消除情绪困扰”等5条标准，而不合理信念则相反，“猜想、使自己烦恼、难以达到目标、主动寻找麻烦、难以消除情绪困扰”等都属于这类。根据这些标准，请你回去完成一项作业：分析自己的信念是否合理，寻找自己的不合理信念。

第三步，引导孩子找到并改变不合理信念，缓解考前焦虑。

这次谈话后，我先检查了小丽的家庭作业，发现小丽领悟力很强，找出不少困扰自己的不合理信念。

我：请你说说，让你感到紧张的事情是什么？

小丽：考试前我很容易紧张。

我：做作业和考试的基本目的都是检查对知识的掌握程度。我想了解一下，你做作业会不会紧张?

小丽：做作业不会紧张。但是考试成绩会排名，我担心考不好，想想就会冒冷汗。

我：我能理解你的心情，那么你这次考试在年级排第几名呢？

小丽：我才考19名，太丢脸了。这样下去，不就完了吗？

我：照你这么说，那排在你后面的同学都没希望了?

小丽：那倒不是。

我：他们也都像你一样不开心吗?

小丽：好像不都是。

我：这样看来，别人可以有失败的记录，你就不能有?

小丽：可是我以前从来没有考过这么差、这么失败呀!

我：你说你从没失败过，但能代表以后总是事事成功吗?能保证以后每做一件事都如你所愿吗?

小丽：那倒不能。

我：不如你所愿，你就会觉得一切都完了吗?

小丽：可能是这样的吧。

我：那比如说你想一夜变成知名影星，不能如愿，你也会很沮丧吗？

小丽：（笑）那当然不会。

我：这就是说，生活中不能如你所愿的事情会有很多，考试也是如此，这次考试虽然不能如你所愿，但并不等于你就失败了。

我：可是考这个成绩，老师和同学都瞧不起我。

我：你从哪里看出他们瞧不起你？

小丽：（仔细回想）……反正考差了就会被瞧不起。

我：照你这样说，你也瞧不起考试成绩排在你后面的同学了？

小丽：不是哦。

我：你前面说考得差就会被瞧不起，后面说你不会瞧不起考得差的同学，你前后的说法似乎存在矛盾，你能解释一下吗？

小丽：（沉默）……看来不是这样的。您的意思是我没有瞧不起同学，同学也可能不会因为我考试失利就瞧不起我？

我：你说呢？

小丽：我明白了，老师和同学瞧不起我未必是真实的。

我：对，你的领悟力不错！现在我假设一下，如果老师和同学真瞧不起你，你会怎么样？

小丽：如果老师和同学真瞧不起我，我……还是会不开心。

我：被人瞧不起而不开心是很正常的事情，要求别人必须瞧得起自己才是不合理的信念，你明白吗？

小丽：我有点明白了，您的意思是我不能要求别人对我怎么样，是吗？

我：你的领悟力很好！正是由于你的不合理信念，才给自己带来情绪困扰，找出并改变这些不合理信念，你就可以摆脱考试焦虑。

小丽：我知道了，老师，谢谢您！

谈话中，小丽逐渐暴露出一些不合理的观念，比如“考试不理想，老师和同学会看不起我”，“考不上重点高中、重点大学，我的人生就完了”等。我一方面引导她与这些不合理观念进行辩论，同时建议她在实际情境中加以验证，如问问老师和同学是否真的瞧不起她，了解一下父母对这次考试的看法等；另一方面，我跟小丽父母沟通，引导家长明白，他们在教育孩子的过程中，由于自身的错误认知而带给孩子一些不合理信念，希望家长和孩子共同改变这些错误认知，从而消除孩子的不良情绪。

经过几次谈话，小丽情绪好转，注意力集中了，对学习也充满了信心，考试前不再出现冒冷汗、紧张、睡不好等焦虑现象了。

考前焦虑是中学生经常会出现的现象，原因往往是赋予考试太多的意义，从而让自己陷入情绪困扰中。面对这样的学生，老师们可以运用合理情绪疗法，帮助学生分析不合理信念，改变非理性观念，引导他们改变认知，增强信心，会有效缓解考试焦虑。

（周雪燕，广东省阳江职业技术学院附属实验学校）

群体激发，鼓励学生勇敢面对考试

——巧设问题，缓解考前焦虑

高一年级快要期末联考了，学生们都在为进入高中后的第一次大考而努力，但同时我也感觉到班上的气氛很压抑。中午接到小伟妈妈的电话，说今天是儿子的生日，来学校看孩子时才知道孩子这几天吃饭睡眠都不好，感觉所剩时间太少，而要复习的内容太多，越是感觉时间不够却越学不进去。

根据我的观察，班里像小伟一样存在焦虑情绪的学生不在少数，于是我就想借着小伟过生日这件事，设置几个小问题，缓解一下学生们的紧张情绪。

自习课时，我走进教室说：“同学们，今天是咱班小伟的生日，让我们一起祝他生日快乐吧！”热烈的掌声在教室响起，小伟被突如其来的祝福感动得满脸幸福。我接着问：“小伟，考考你，你认为咱们班两个同学同一天生日的概率有多大？”小伟说这个可能有吧，但是概率很小。我又问其他学生，其他学生都摇摇头说概率很小，如果同一天出生的话，那得多大的缘分啊！

我说：“不如咱们现在就验证一下吧。”最终结果是，有三对学生分别在同一天出生，还有很多学生的生日都相隔很近。这个结果让学生们几乎跌破眼镜，这也太有缘了吧？我说：“不是有缘，这是一个概率问题，以50个人为研究团体，每个人生日不在同一天的概率是3%，也就是说每50个人中出现两个人在同一天出生的概率为97%，咱们班现在有60人，这个概率更大。所以同学们，你们以为的‘小概率’事件，往往很平常地出现在你们身边。”

学生们都会心地笑了，把掌声送给了这些“有缘人”。我说：“大家的掌声很热烈，我再问一个问题，你们认为自己一分钟快速鼓掌最多能鼓多少次？”有的说100次，有的说130次，有的说70次吧。小伟说应该超过100次，但不可能超过200次，而且班上应该不会有人超过200次，大部分学生都赞同这个观点。

我说：“那我们为什么不试一下呢？现在我用手机秒表计时30秒，大家试试看。预备——开始！”30秒后，鼓掌结束。结果，小梦100次，小晴76次，小伟120次，小龙151次，小佳200次……。我说：“好了，那么一分钟就应该用这个数再乘以二。所以说，我们正常人一般一分钟可以快速鼓掌200—300次，网上有数据说鼓掌次数最多的人一分钟可以鼓802次，我们估计的次数往往会低于实际能做到的次数。”

看到学生们在惊讶中陷入思考，我趁机说：“同学们，两个问题问完了，从中可以看出，我们经常会被经验误导，主观上认为很多事情我们做不到，然后便丧失信心、焦虑不安。其实对于备考，我们能改变的事情很多，很多事情客观上的成功概率是高于我们想象的，而我们的潜能主观上又常被我们自己低估了。所以，同学们，不到最后一刻谁都不能放弃，要相信我们的潜能与努力，相信自己能够成为更好的自己！”有了前面两个问题的铺垫，我这番话说得学生们心服口服，假如从一开始我就直接给他们“灌鸡汤”，估计没几个人能听进去。

看到效果不错，我接着又提出了第三个问题：“一根不规则的棉线，从一头点燃，完全烧完需要 1 个小时，现在不给大家其他工具，如何确定出半个小时的时间来？”好多学生说把线从中间截断烧半根，正好是半个小时。我说：“这根线是不规则的，有的地方粗有的地方细，从中间截断，准吗？”大家都不言语了。

这时，小伟站起来说：“两头一起点，烧完那一刻就是半小时。”我说：“非常好，同学们，你们是不是觉得小伟比你们聪明？”学生们有的点头，有的不说话。我说：“我认为不是。因为明天我再问相同问题时，大家都能答对。所以说，一个人是否聪明并不完全由先天因素决定，通过大量训练、不断积累总结经验、方法，人会变得越来越聪明。我想，小伟肯定接触过类似的题，而你们没有，现在你们接触到了，你们也就学会了。同学们，让我们抛开无谓的焦虑，相信自己的潜能，用最踏实的方法迎接最后的考试吧，相信结果一定不会比你们预想的差！”

学生们很受鼓舞，我明显感觉到班里压抑沉闷的气氛缓解了不少，小伟脸上也带着笑意，充满了自信。

（王青生，河北省泊头市第一中学）

缓释焦虑　轻松迎考

焦虑是一种伴随某种不好的事件即将发生的预感而产生的令人不愉快的情感，严重的焦虑行为表现为恐惧。在某些情况下，适度焦虑对人是有帮助的，例如可以使人避免危险；然而在处于极端情况时，过度焦虑可能导致不良结果。目前，学生出现考试焦虑心理相当普遍，这种不良心理障碍将影响学生的正常学习甚至身心健康，如果不能得到及时调整，就可能成为学生性格特征的组成部分，对其个性的形成和发展造成严重影响。

一　考试焦虑的表现及原因

学生时期是人一生中身心发展的关键阶段，也是人生观、世界观逐步形成的时期。在这个时期，如果我们老师能指导学生学会调试焦虑心理，不仅有助于学生身心健康发展，而且对其日后的身心健康、适应社会能力的养成均有重要意义。焦虑在考试中主要表现为：临近考试，心情极度紧张；考试中，不能集中注意力，知识视野变窄，思维刻板，出现慌乱，无法正常发挥水平；考试后，状态持久不能松弛下来。

学生出现考试焦虑的原因主要有四个方面：（1）家庭原因。目前许多家庭对子女的要求过高，特别是对孩子的学习成绩关注度较高，无形中给孩子在学校的学习造成了极大压力。此外，一些父母由于工作性质的关系，家庭中亲子之间交流的时间和机会较少，双方沟通出现问题，孩子的一些焦虑心理不仅得不到及时发现和疏解，有时孩子甚至还被施加更多的压力。（2）个体自身原因。受到家庭、学校等多种因素影响，现在的许多学生过分敏感，对于考试看得过重，过分争强好胜，自我要求过高。由于目标制定得不合理，甚至超出了自己的能力范围，导致在学业上多次受挫，使其对考试的态度更加偏执，再加上不善于与父母沟通，所以很难表达自己的真实想法或将焦虑情绪发泄出来。（3）同龄群体的影响。同伴对于孩子心理的发展也能产生巨大影响。当学生处于成绩普遍优秀的班级中时，其他同学都比较看重学业成绩，无形之中就会给某些学生造成不小的心理压力。在这种比较之中，他们会不断给自己制定过高的目标，而一旦目标无法达成，就会有强烈的受挫感，在下次考试的准备和应试过程中就往往表现得更加紧张、焦虑。（4）社会和学校教育的影响。由于现今社会对人才的评价标准大多还停留在看学历、看文凭的层面上，学校也往往把考试成绩看作衡量学生素质的重要标尺，所以孩子从小就建立了围着考试和分数转的思维和心态，往往把考试成绩当作判断一个人素质的标准。学生如果对这些问题的认识有偏差，就很容易产生对考试的焦虑心理。

 考试焦虑对学生的影响

1. 在认知方面的影响

在认知方面，学生表现为将认知的焦点和注意力集中于自己身上，思维总是指向考试失败，缺少自信，在考试的环境中感到极度不适。心理学家指出，焦虑会导致两种认识方面的障碍：一个是认知过度，即过分重视考试结果，使认知过程负担过重；二是认知缺陷，焦虑情绪使人在记忆力、注意力方面受到妨碍，并且正是由于认知过度而造成了认知缺陷。一些考生过度担心自己的考试成绩和考试表现，他们注意力的重心不是放在学习任务上，而是放在担心自己是否能够通过考试、是否失败方面。这种认知上的担忧往往使得他们不能有效地投入到答题活动中，考试结果自然不尽如人意。

2. 在情绪方面的影响

在情绪方面，学生不仅会出现一些躯体症状，还可能出现过强的情绪反应。如有学生在考试前或考场上，出现心跳加快、呼吸加快、恶心、呕吐的情况，还有的人出现冒虚汗、脸色苍白、手心发凉的情况，个别学生一进考场就想上厕所，刚上完厕所又想去，这也是紧张的症状，甚至还有人考试时手发抖、身体颤抖，不能正常地答卷。这些都是过度焦虑的表现。这些躯体反应与认知的担忧不同，担忧是指对自己考试的消极评价，如经常想到考试失败的可怕镜头等，它一般在考试前一段时间内出现，缓慢地妨碍复习效果；而情绪反应则更多地出现在考生亲临考场时，如走进考场、见到主考教师或者看到教师发试卷时。由于考试被要求必须在规定时间内高效地完成试题，因此在这段时间内的表现就决定了一切，如果考生在考场上经常被吓到浑身发抖，总要去上厕所，或是肚子疼、头疼等，那考试成绩便可想而知了。由于认知评价和躯体情绪是两个相对独立的影响考试的因素，预防和矫正的方法及策略也就有所不同了。一般来说，情绪的控制要由放松训练或深呼吸等条件反应技术来加以实现，而认知上的担忧则应通过增强自信心、改变自我评价、改变对成绩的期望或传授学习技能来实现。

3. 在行为方面的影响

在行为方面，学生也存在一些欠缺的表现：焦虑不一定会使人努力，在一些情况下反而会使人逃避、退缩。老师们通常认为焦虑的学生大多不会安排时间，不会组织自己的学习，不会有效地听讲，不会将学习单元分解为小的学习单位，不会自我控制和评价自己的学习，不能从教训和失败中总结对自己有用的经验，经常犯同样的错误。考试焦虑的学生往往存在的一个不良行为就是拖延，他们越是面对重要的考试，复习就越拖延。他们往往会制订一个非常完美的复习计划，如早晨 6 点起床背英语单词，上午复习语文和数学，下午复习化学和物理等，但每到开始学习时，他们就借故拖延，问题不在于偶尔的拖延，而在于他们经常给自己找借口。另一个不良行为就是逃避和躲避，这是考试焦虑者的自我保护机制。在复习阶段，尤其是临近考试的复习中，焦虑者往往用这种方式缓解自己的紧张情绪。有研究表明，如果考前对学生必须参加考试的要求有所放松，或者考生觉得有可能逃避考试，他们就会出现更多的逃避行为。

三 如何应对考试焦虑

考试焦虑使学生精神紧张、烦躁、思维混乱、注意力分散，不仅导致学习效率下降，还严重影响学生在考试中的良好竞技状态。帮助学生克服在日常学习和考试中的焦虑心理是提高学生学习效率与成绩的有效途径之一，同时也是提高学生心理健康水平的有效手段。

1. 调整考试认知

考试焦虑与紧张尽管受环境影响，但也受人的想法（尤其是对成绩、对过去考试失败以及对考试与个人利益的看法）的影响。每个学生都是独立的个体，他们的学习方式、看待问题的观点及处理问题的方法都不同，因而他们在学习和生活中产生焦虑心理的原因也是各异的。要消除他们的焦虑心理就要找出根源“对症下药”，如对那些性格内向、不善言辞的学生，我们应该和他们交朋友，倾听他们的心声，然后帮助他们认识到考试的目的是什么，一次考试成绩说明不了什么，进而帮助他们克服心理障碍，树立信心，用积极的心态面对考试。

2. 积极自我暗示

我们要帮助学生学会去除消极的自我暗示，做好积极暗示和自我指导。比如，在考试前可以对自己说：“深呼吸，放松，将注意力集中在呼吸上，什么都不要想。”“我已经尽力复习了，我已做好考试准备。”考试中，可以对自己说：“平静下来，不要想与考试无关的事情，想这些无济于事。”“人难我难，我不畏难；人易我易，我不大意。”老师还可以与学生讨论有关考试紧张的感受，让学生们交流克服考试焦虑的经验，以及应用这些技巧后新的体验，并结合自己的情况创造性地运用上述方法，引导学生将这些经验运用于真正的考试中，从而取得自我控制的成功体验。

3. 掌握考试技巧

一些学生往往是因为考试失败带来心理阴影，从而产生考试焦虑。对此，我们可以教给他们必要的考试技巧，也可以进行一些必要的测试训练帮助学生意识到考试技巧的重要性。例如，让学生在拿到试卷后先写好姓名、班级和学号等信息，把试卷整体浏览一遍，分配好答题时间，认真看好已知条件，答题先易后难，等等。学生掌握了这些技巧，就能缓释考试焦虑，在答题时心里就踏实一些，也能取得更好的成绩。

4. 进行机能训练

心理机能训练是采用特殊的方法和手段，让训练者学会调节和控制自己的心理状态，进而调节和控制自己行为的过程。它有助于培养学生的竞争意识、顽强意志、处理危机的能力以及正确对待得失的态度等优良品质。同时也是避免考前焦虑情绪产生的有效手段。可以进行以下两项基本机能训练。

放松训练。它是一种以暗示语集中注意力、调节呼吸、使肌肉得到充分放松，从而调节中枢神经系统兴奋性的方法。它能够降低中枢神经系统的兴奋性，降低由情绪紧张而产生的过多的能量消耗，使身心得到适当休息并加速疲劳的恢复。放松训练的方法很多，我们可以有针对地从中选择一种或几种方法教给学生，并引导他们利用课后、睡前或考试前进行放松练习。这样，学生的身心得到充分休息，唤醒水平会处于最佳状态。

注意力集中训练。焦虑会使人六神无主，注意力分散。通过注意力集中训练，使学生提高抗干扰的能力，也是避免或克服焦虑情绪产生的有效方法。在日常的教育教学工作中，我们可以采用“常规”和“非常规”两种方式对学生进行注意力集中训练。“常规”方式是每一节课利用几分钟，运用不同的方式进行训练；“非常规”方式是指在授课过程中利用各种手段和方法，增强学生的兴趣，调动学生参与的积极性，使学生的注意力始终集中在教师的引导、启发、点拨等处。这些训练有利于提高学生的抗干扰能力，避免产生焦虑情绪，但我们在运用时，不能千篇一律，应考虑学生的心理特点和兴趣，只有这样才能达到注意力集中训练的最佳效果。

5. 实施考试模拟

模拟训练是针对学生在考试中，特别是高考中可能出现的情况或问题进行模拟实战的反复练习。目的是提高学生的应变能力，克服考前、考中的紧张焦虑心理，为取得优异成绩打下基础。模拟训练的方法很多，但对于学生来说最实用的是实景模拟训练。它是通过设置考试的情境和条件对学生进行训练的一种方法。在运用这种训练方法时，我们应该在试题的不同部分有针对性地增加试题难度或设置其他形式的障碍，利用它们来提高学生的应变能力。同时要注意引导学生运用心理技巧克服考前、考中的紧张焦虑心理，这样的模拟训练才能够达到比较理想的效果。

6. 调节生活节律

在考试前，尤其是中考、高考前，学生要调整好生活节律，晚上不要太晚睡觉，要保证充足的睡眠，以确保白天有充沛的精力学习或考试，也有助于降低考试焦虑程度。

现代社会是一个竞争的社会，人们在生活中都要面对考试、竞争和社会评价。具体到学生来说，多种原因导致了他们考试焦虑的出现，需要我们帮助他们缓释考试焦虑，以良好的状态迎接考试。如何最大限度地减少学生的考试压力，给学生一个良好的成长环境，使他们热爱学习、勇于迎接挑战，是心理学家、教育工作者和家长面临的重要任务。

（夏春娣，江苏省镇江崇实女子中学党委副书记，
国家二级心理咨询师，江苏省心理专业委员会常务理事）

3

学生厌学情绪强烈，怎么办

关注情绪，教学生享受学习过程

同学，今天你笑了吗

作为班主任，面对厌学情绪强烈的学生，了解原因，找对方法，努力引导，是应尽职责。

对此，我一般分三步走：一是多走近学生，调查了解学情；二是查找资料，借鉴各种科学方法，从了解和调控情绪入手找突破口；三是综合理论与实践经验，应用各种技巧扭转学生情绪，改善学生心境，树立学生自信，培养他们的学习兴趣。

当学生产生强烈厌学情绪时，就谈不上学习效果，这是班主任必须认真对待的问题。我一般会先搞摸底调查，让学生自我反思：“我有厌学情绪吗？我如何去克服它？”

调查显示，学生普遍认为自己或多或少有一些厌学情绪，某些时候甚至很强烈。主要原因集中在以下几个方面：

①碰到学习上的难题，努力了一段时间看不到学习效果。

②想不明白学习的意义：学习真的有用吗？这么努力值得吗？

③家长期望过高，而自己又做不到。

④成绩落后了，受家长、老师、同学态度影响。

⑤排名竞争压力。

⑥网络、手机、电脑、电视、报纸杂志、口袋书等的诱惑。

⑦与父母等相处不和谐。

这些让学生产生厌学的原因都深深影响到他们的情绪。

了解了原因，就容易对症下药。最好的教育是自我教育、自我反省。我在班里组织了针对厌学情绪的“面对面谈心交流会”，让学生相互交流克服厌学情绪的方法。

小燕获得的启示是：与同学多相处，多了解，多交流，知己知彼，心情敞亮，就会减少好多困惑，就能扫除思想上的拦路虎。比如对于学习的意义，通过反向思考来解惑：“如果我现在不学习，是不是更有用、更值得、更有趣？”答案显然是否定的。

小奕说，她跳起舞来不怕吃苦，因为喜欢，但做作业就不行。她现在会运用兴趣转移法，产生了兴趣就不怕吃苦，不会厌烦。

小欣认为，人都太容易贪图享受了，有个舒适区域。要戒除这种贪图享受的思想，就如戒烟戒酒一样；所谓的上网、看手机、看小说就是躲进了自己的舒适区。认识清楚这些就要果断戒掉。

小豆说，对于自己不愿学的科目，如数学，就从容易的题入手做，做一点是一点，积少成多，由易到难，用小小的成就感鼓励自己往下走。

小玲则采用“学以致用”的方法克服厌学情绪，学了英语就“炫”起来，背了古诗也“炫”起来，用“炫技”来增强自己对这门科目的兴趣。

小梦提出对家长的期待要学会理解，只有理解了父母，才能更加静下心来努力读书。

班会上，大家围绕“厌学情绪”这一中心话题，剖析自己，坦诚交流，达成了许多共识。例如，厌学情绪就是阻挡进步的尘雾，同学间相互交流会让心胸开阔起来；家长、老师、同学等人的态度，其实都取决于自我，自己态度端正了，纵使成绩落后也能正确对待。

解决学生的厌学情绪问题除了要透彻了解学情，把握学生心态，班主任还要承担部分心理医生的角色，教会学生把控情绪，让情绪为学习服务，而不是成为学习的阻碍。

为此，我查阅了大量相关资料，并将其总结归纳后与学生分享。

调控自己的情绪是一种能力，情绪管理技巧是可以学习的。人的大脑有愉快中枢和厌恶中枢。欢乐、愉快、高兴等积极的情绪能促进个体智能发展，这时人的头脑清晰，思维敏捷，记忆力强，学习效率高。

如何产生学习兴趣和热情，在心理学上要善用“感觉定向”，即预先设想即将进行的学习是有趣的，进行积极的自我暗示，这样有助于增强自信，排除焦虑，克服厌倦，提高学习效率，纵使“焚膏油以继晷，恒兀兀以穷年”，也丝毫不觉苦。

班主任是班级情绪的调节器。班主任要特别注意对自身情绪的把握，以自身的乐观、幽默、豁达、睿智、平和来冲淡与舒缓学生紧张、厌烦的情绪。

荀子说:“大巧在所不为，大智在所不虑。”有时为学生做得多、想得多反而惹人厌烦，老师的“大巧”“大智”就是恰如其分地令学生心情愉悦地接受“传道、授业、解惑”。

比如，在课堂上设计许多学生参与的环节，“五分钟才艺展示”“小组竞说 / 竞背 / 竞做”等。尽量让学生多参与、多体验、多展现，对学生的一点点进步、一点点亮点都给予鼓励和表扬。

每个人都是班集体的财富，要让他们都能展一技之长：教同学解一道数学题，背一首古诗，读一篇英文，跳一段舞，唱一支歌……。我尽量挖掘每个学生身上的闪光点，让他们在集体生活中熠熠生辉。学生体会到了班级集体、学校集体生活的愉快，那么厌学情绪也会被欢乐、愉悦、兴奋等积极情绪替代。

我教学生带着“小目标”去做事，克服头脑中闪现出的厌学“小情绪”，规定他们一课有一得就行，一天有一点进步就可被鼓励。把注意力集中于学习本身，学会用智慧打开快乐资源。

班会课也可开成“吐槽大会”“奇葩说”，让学生把痛苦、丑陋、不堪压力的心情尽情展示出来，学会在“自黑”中释放压力，达到疗愈的奇效。

面向阳光，眼前就会一片光明；心中有乐，厌学之症就会自我康复！我教给学生化学习的痛苦为快乐的技能，每天都微笑着问自己：“今天我笑了吗？”

（刘燕飞，江西省余干中学）

激发志趣，让学生获得真正的素质教育

特长引领，激发孩子的内驱力

中途接班第一天，我就发现了小鲲的与众不同：所有作业一概不写，上课要么睡觉要么画画，下课总是故意找其他同学的碴儿，闹得班里鸡犬不宁。

观察小鲲一天后，放学时我想找他谈谈心，可这孩子竟然以家中有事为由跑了，连续三天都是如此。于是，我拨通了家长的电话。让我吃惊的是，小鲲妈妈对孩子的在校表现一无所知，还告诉我孩子在家中非常孝顺，而且很安静，总喜欢自己写写画画。很明显孩子出现了“双面人”现象。

为了解决孩子的问题，我约请家长和孩子一起座谈了一次。

当我们面对面坐下后，孩子很紧张，两只手攒得紧紧的，还没等我们开口，孩子先说了:“不用说了，我就是不想上学！”经过进一步交流，我逐渐清楚了孩子的问题所在：一是步入中学后很多科目是以前没有接触过的，不会学；二是由于上初中被迫放下了个人的兴趣爱好——绘画；三是感觉在学校没有朋友，很孤单。

针对孩子的困难，我和家长商量了解决方案：在家庭中，家长为孩子创建一个良好的教育环境，同时孩子的绘画兴趣班暂时不停；在学校，我也会为孩子创设机会展示才华，争取以他的兴趣作为切入点逐渐展开，同时创造机会让他跟同学多交流。方案确定好后，关键是实施。

我宣布组建班级宣传小组，鼓励在书写绘画方面有特长的学生参与，以后所有跟宣传有关的事项，全部由宣传小组负责组织、策划以及实施。宣传小组成员可以自荐也可以推荐。根据小鲲的性格我推断他可能不会自荐，便找到美术科代表希望他能推荐小鲲，于是小鲲顺利进入宣传小组。小组成立后，我布置的第一个任务是：规划班级的墙面，让每一面墙壁都成为班级的宣传阵地。几天后，学生们亲手绘制的生动的宣传图画和标语出现在了墙面上。小鲲的绘画作品因为笔触细腻、风格幽默，受到了同学们的赞赏。同学们通过墙面宣传栏重新认识了小鲲，有些学生还主动找小鲲“切磋”。看着小鲲那腼腆的笑容，我知道教育引导的机会到了。我宣布准备召开“特长大比拼”主题班会，孩子们可以自由组合，以小组为单位进行现场展示。刚一公布班会主题，便有好几个学生主动找小鲲组成小组。班会召开时，轮到小鲲他们小组展示，他们给了所有人一个惊喜：一个学生弹古筝，两个学生充满激情地朗诵，小鲲和另外一个学生泼墨作画，不到十分钟，一幅中国水墨画展现在同学们面前。大家都沉浸在浓浓的古韵之中，继而是热烈的掌声。最终夺魁的自然是小鲲他们的展示组。

我几次创造机会让小鲲充分展现了自己的才能，同学们对小鲲的态度开始转变，他的表现也逐渐改善，不再故意捣乱了，喜欢和同学交流了。于是，我采取进一步措施，跟任课老师交流，对于像小鲲这样在学习上有困难的学生，可以采取逐步推进的方法：让他们首先消除畏难情绪，感觉学好这一科还是有可能的，再逐步帮助他们提高学习质量。

同时，在家中，小鲲妈妈每天都会和小鲲共同“学习”，小鲲写作业，妈妈就在一边看书；小鲲画画，妈妈也跟着他学习画画，母子关系也亲近了不少。

通过近一个月的耐心等待，小鲲开始主动交作业了。我马上抓住这一契机，在班内组建互助小组。为了督促小鲲，也为了鼓励他多与同学交流，我任命他为组长。小鲲一开始是有顾虑的，因为以前的他连作业都不交，现在当组长能行吗？我鼓励他说：“以前的小鲲确实难以胜任，但现在的小鲲，老师和同学们都信任！”小鲲很受鼓舞，在互助小组中他是最认真负责的一位小组长，虽然有时上交作业仍有困难，但一般都会在第二天通过向其他同学或老师请教，然后将不会的作业补上。同时，在互助小组的交流合作中，小鲲逐渐适应了与他人相处，学会了主动和其他同学交流研究，上课时不再昏昏欲睡，经常会看到他那双认真求知的眼睛跟随着老师转动。

小鲲一天天在转变：他的兴趣慢慢地从只喜欢画画开始向学习转移，感兴趣的科目逐渐增多，求知欲越来越强；班级各项活动中都开始出现他的身影；教室内经常听到他开心的笑声……

两年后，我要和这个班告别了。班长代表全体同学送给我一大束花和一个厚厚的活页本，里面有每一个孩子给我的留言。其中，小鲲这样写道：“从小到大，您是唯一让我流泪的老师！”今年，我收到小鲲妈妈给我的微信，告诉我孩子顺利进入美国一所高中，临行前孩子说幸亏当时李老师让我爱上了英语学习。

给孩子一个支点，他能撬动他的未来。

（李红禹，山东省青岛实验初级中学）

案例

给每一双翅膀以翱翔的晴空

解决高中生厌学问题的重要性不言而喻，但这是一项系统的综合治理工程，不仅需要班主任和家长做很多深入细致的教育工作，更需要学校进行顶层设计，为教师和家长解决学生厌学问题提供专业支持。在此，我谨就我校一些相对成熟的做法与大家做一个交流。

未雨绸缪的基础建设

高瞻远瞩，成立学生发展指导中心

在这个急剧变革的时代，高中生面临许多诱惑，又恰逢心理波动较大的年龄，产生厌学等情绪非常正常，为此学校设立了“学生发展指导中心”，并引进持有“心理咨询师”资格证的专职老师。

指导中心设有各种功能室，并配有多媒体设备、心灵空间校园网、心理热线等。心理老师充分发挥学生自身的积极性、创造性，招募学生心理互助志愿者、班级设立心理委员，并在这些骨干的帮助下，建立健全了各功能室的活动规则，使有厌学倾向的学生在这里得到了很好的心理辅导。

开拓创新，建设各科课程基地

学校很多学科都申请设立了省级课程基地，如生命化语文课程基地，化学、生物课程基地。

学校建设了具有写作创意的“五道六园”。“五道”，即玉兰花道、芙蓉花道、木槿花道、樱花道、海棠道；“六园”，即樱桃园、梅花园、桂花园、紫叶李园、二月兰园、紫藤园。师生可以置身其中进行对话；可以形成名花佳木探究课题，使生物知识与文学知识相互融合；学生使用语言文字表达探究成果的能力也得到了大幅提升。我们组织文学社团在花下诵诗作诗，开展文学活动，让学生在文理学科沟通的过程中提高表达能力。学校开展篮球赛，高二年级则组织学生观看比赛，并为其填词，让体育与文学“联姻”，也是别有妙处。

学校的“百年中国语文人研究院”已初具规模，学生徜徉其中，既可聆听大师的教诲，又可涵泳文学的唯美。还有语文学苑、唐诗轩、宋词苑等基础建设项目也在如火如荼地推进中。学生在这些情境下学习，何来厌学之情呢？

提升素养，创设首家排球博物馆

利用排球文化，指向提升学生体育核心素养的探索是学校的改革实验项目之一。排球是我们学校传统优势项目之一，学校已经为包括中国女排在内的各级排球队输送了多名高水平球员。因此，我们将排球博物馆作为学校展现排球历史与精神的文化馆，重在对学生体育理念的引领、文化的影响、素养的形成营造氛围；同时，这种素养对学生完全人格的形成具有重大意义，而这种完全人格正是应对厌学的利器！

前瞻性的课程建设

选课走班——我的学习我做主

选修课的设置与实验是高中课程改革的一个亮点，它的设置有助于拓展学生的知识与技能，发展学生的兴趣和特长，培养学生的个性。它扩展了学校课程的种类与范围，使学校课程生机勃勃，充满活力，强化了学校课程与知识世界的动态联系。这让学生在有选择、有兴趣的前提下，更好地参与到主动学习中来。学生积极主动性高了，厌学现象自然就少了。

我们的“选课走班”从音体美的选修课开始，逐步向其他课程推开。在不加重学生负担的前提下，学生自愿网上选报选修课，选修课让学生的学习成了一潭活水。

多样社团——我的能力我培养

学生社团则偏重于活动的开展。我们组织学生先后成立了“苍梧文学社”“瀛洲文学社”“樱花诗会社”“桂花诗会社”“桃花诗会社”。这些文学社成员和诗会成员聚集一起，欣赏、创作文学作品，形成了写作的新途径。他们徜徉文兴湖畔，流连文轩亭中，在灼灼桃花中品味春色，在二月兰的紫韵中体察春意，在茵茵绿草间沉吟，在点点荠菜花间凝思，发现生活之美，感悟生命之真。校园微电影创作研究中心分为课本剧视频制作工作室、校园微电影创作工作室，分工明确，一些作品的精美程度，令师生赞叹不已。“模拟联合国”的活动也有条不紊地开展着……。学生沉浸在多样的社团活动中，浸入式学习让学生的学习兴趣和成就感与日俱增。

特色校本——我的视野我拓展

学校还注意建设特色校本课程。校本课程的丰富性和特色化，为学习提供了真实对话的平台，激发了学生学习的生命热情，以其独特的魅力滋润了一朵朵青春的小花。如，幽默言语研究、传统文化素材欣赏、《周易》初探、唐诗欣赏、书法篆刻鉴赏与应用、唐宋传奇小说的文化阐释、人物语言的语用学思考、野外生存技能等。这些课程既有历史透视感，又有当代视野，有益于学生精神成长和心理发展。而且这些课程都是由学生网上自主选定，学生在这些特色课程中兴味盎然，何来厌学情绪?

丰富多彩的第二课堂

除了国家统一的课程标准规定的课程外，我们还举办了丰富多彩的课外活动，让它们成为学生快乐成长的第二课堂。学生们在这些特定的学习情境里呈现出不同的精彩。

学生大舞台，让优生领跑

少年班的“少年，开讲啦”、高一年级的“雏凤清声”、高二年级的

“汇生慧讲”、高三年级的“小小百家讲坛”等第二课堂，均由学生自主选择、自我组织，全员参与、全面开展，实现了让学生从学堂听讲到讲堂主讲的角色转变。讲座内容贴近学生生活，形式多样，精彩纷呈，充分展示了学生们的青春风采，成为学生们每天殷殷期盼的精神盛宴。

课本剧展演，给每位学生一个喜爱的角色

展演的内容有语文课本剧也有英语短剧，师生一起通过课文与文艺和德育的有机融合，形成了独特的教育创新途径。例如，屡演不衰的《雷雨》《哈姆雷特》等剧作，在编导课本剧的过程中，学生融进现代语言和思维加以改编。加入学生解读色彩的课本剧也成为学生自我教育途径。

地画创作，让学困生找到存在感

有些美术特长生文化成绩不理想，在平时的考试中找不到自信。我们就尝试着把地画作为任务委托给他们。他们对这一任务都很珍惜，创作出大量的优秀作品。这一活动让这些孩子找到了一个展示的舞台，也美化了校园，来宾都对这些地画作品啧啧称赞。

另外，我校每年的校庆、学生银行周年庆、各种文体节、联欢会演、演讲远足、宿舍文化评比展示等活动都已经形成制度，都在有条不紊地运作中。

综上所述，高中生厌学心理的产生，除了学生自身的思想和文化素质因素外，也与学校的环境有很大关系。作为学校，我们有责任、有义务为学生的学习提供更广阔的空间和可能，用基础建设、课程制度建设和文化引领形成强有力的支持系统，使得更广义的学习成为学生自觉的追求和乐趣。

（周宜智，江苏省新海高级中学）

携手家庭，给孩子合理的关注与期望

“我不要在家校的夹缝里奔走”

我正在办公室批改着作业，小靖怯生生地推开门，小声地说道：“老师，我不想上学了，学习很没意思。”她的话着实让我吃了一惊，因为她的中考成绩非常优秀，到了高中成绩确实出现了下滑，但还不至于到让她厌学的地步。更重要的是，这孩子平日里遵规守纪，热心助人，尊敬师长，是一个品行非常优秀的学生，丝毫看不出有厌学情绪。我让她坐下，然后试探着问她：“能和我说说厌学的原因吗？”

见她抿着嘴低头不语，我便主动问她：“是不习惯老师们的授课方式吗？”她摇头。“是和同学们发生矛盾了吗？”她仍摇头。“是因为成绩下滑打击自信心了吗？”她依然摇头。一时间我也毫无对策，但至少可以排除以上几种经常引起厌学的可能。我想了一下，决定先稳住她的情绪。我说：“小靖，退学可不是一件小事，会影响人一生的轨迹。这样好不好，你认真思考两天，然后再来和老师说。”她轻轻地点点头，转身离开了。

我找到小靖的同桌和班干部了解情况，没能得到有价值的信息。我大脑飞速思索，却毫无思路，窗外正下着雨，学校门口拥堵着来接学生的家长。忽然一个熟悉的身影进入我视野，是小靖，她本来和同学们说着话往外走，远远看见了自己的家长，便一下子离开同学找家长去了。她家长和她一边走一边说话，她低着头，好像是在被家长批评。我猜测，小靖厌学可能和她家长有关系。我很快联系上小靖初中时的班主任，通过交谈我了解到，小靖的父母对她寄予了厚望，因而对她的管束特别严厉，初中时就禁止孩子和同学们交往，除了学习什么都不让干。

第二天，我把小靖叫到办公室，说："昨天放学时看见你家长好像在批评你，能告诉我原因吗？直觉告诉我你不是真的想退学，有什么困难和老师说一下，好吗？"小靖终于控制不住大哭起来。待情绪平稳后，她告诉我，她的父母对她干涉非常多，初中时只是不让她和别的同学交往，到了高中父母开始干预起教学来了。语文老师留了读名著的作业，父母就说那没用，不如做理化题；数学老师留的基础作业，父母说太简单，不如训练奥数题，为自主招生考试做准备；体育老师让练一练仰卧起坐，父母说运动不如养生……。这样的情况太多了，很多时候家长的主张和老师的主张是相左的，而小靖又是非常听话的孩子，就被两根线牵着，听哪一个都不是。一边是家长的干预，一边是老师的作业不能完成，孩子在家校的夹缝中来回奔走，最终就害怕上学，产生了厌学情绪。我安慰好小靖，决定和她家长谈谈。

我把小靖厌学的想法告诉了家长，他们很吃惊："我的孩子从小就很乖，怎么会有这么强烈的厌学情绪呢？"我接着把和孩子聊天的内容告诉了他们，他们很困惑地说："老师，我们可都是为了她将来着想啊！"我说："你们的苦心我能理解，孩子成才固然重要，可是孩子的健康、快乐成长更重要啊！家庭教育和学校教育是孩子成长路上的两条绳，我们方向一致对孩子的牵引力最大，如果我们方向不一致则会费力而做许多无用功。现在孩子就被两根绳子牵制得无所适从，我认为毕竟学校在高中教育层面的发言权更多一些，请给学校和老师一份信任，我们会还您一个乐观、向上的孩子。老师们冲在前线，家长们做好后勤保障，咱们合力帮助孩子更好成长。"家长面带愧色，承认自己有些操之过急而忽略了孩子的感受，表示以后一定会注意的。

小靖终于打消了退学的念头，但是我认为这件事并不算结束，我借来几本关于高中教育和家校合作的书籍给小靖的家长看，并及时和家长沟通小靖在学校的表现。逐渐地，小靖的家长有了一些变化，对学校的安排由排斥转为支持了。小靖不再左右为难，情绪自然好了许多。相信在家校齐心努力下，她会变得越来越好。

（王青生，河北省泊头市第一中学）

让我们共同陪伴孩子成长

小程是我中途接任高二（10）班的学生，进班不久，他就引起了我的注意：对学习满不在乎，什么事情都引不起兴趣，几乎看不到他的情绪变化，而且独来独往，很少与同学交往。

这学生怎么了？我非常想走进他的内心世界，了解他，帮助他。第一次找他交流，他很抵触："老师，我没犯错误吧？"我说上课不能玩手机，他竟然说："我觉得也没意思。"本想接着聊一聊，但他直接转身离开了。第二次是在上完课间操回教室的路上，这次他避无可避，干脆对我说："老师，我的事你不要管了，反正我不会给班里、给您惹麻烦。"这让我更加担心，小程如此封闭自己，他到底遭遇了什么？他的将来怎么办?

我决定先侧面了解一下小程，但结果让人失望，同学们都不太了解小程。他的一位初中同学告诉我："他初中就是这个样子。"前任班主任说："这孩子就这样，就是不学习，好在从来没给班里惹麻烦。"

看来只好与家长交流了。刚接通电话、表明身份，我就听到他爸爸盛气凌人地说道："噢，是小程的班主任啊，是不是这小子给你惹麻烦了？没事，回头我收拾他！"我好不容易才表达了我的用意。很明显，小程的爸爸是一位很不容易沟通的人。接着，我又拨通了小程妈妈的电话，小程妈妈焦急地询问是不是小程违纪了？接着就请我千万不要告诉他爸爸。通过这次通话，我大体勾勒出了小程的家庭情况：小程爸爸是一位掌控意识很强的人，对孩子管理比较硬性；而小程妈妈很宠爱孩子，有时候甚至没有原则。总之，小程与父母的交流肯定存在问题。

我邀请小程妈妈到学校来，进一步证明了我的判断是对的。经过与她交流，我了解到小程家庭条件很优越，但从小在外婆身边长大，直到上小学才回到父母身边，所以与父母情感比较疏远，从不主动与父母交流沟通。小程有不少小毛病，小程爸爸脾气暴躁，对孩子动则打骂。孩子小的时候，这种教育方式还可行，但随着年龄增长，孩子表现得越来越叛逆，不敢明着反抗父亲，就采取消极抵抗的方式：不学习，任你怎么说、怎么打，就是一点也不学。做妈妈的则觉得亏欠孩子，充分展示了母性的一面：处处迁就、维护孩子，导致夫妻关系也变得紧张起来。

我告诉小程妈妈：要正视孩子的现实情况，不要抱怨，更不要逃避；在孩子现有基础上，及时肯定进步，多找优点；改变家庭教育方式，多与孩子沟通、交流，了解、尊重孩子意愿，不要操之过急，相信在我们的共同努力下，孩子会取得进步。同时我给出了警告：如果家长不正视现实，不寻求改变，这孩子的未来会很成问题。小程妈妈频频点头，说回去后会与小程爸爸好好交流一下。

我又找准机会与小程进行了交流。他看到了我的诚意，对我袒露心迹，说知道自己的学习基础不好，很难取得很大进步。但他有自己的想法，想学播音主持专业，一方面可以在高考时冲击一下本科，另一方面自己也确实喜欢。但由于怕受到爸爸指责，一直没敢告诉家人。我非常坦诚地告诉他，很高兴能听到他告诉我这些，同时也表示，愿意帮助他和他爸爸进行协调。这次谈话起到了很好的效果。

我把得到的信息及时与家长进行了沟通，这次小程爸爸意识到了自己做法的危害性，频频向我表示感谢。但对孩子想学习播音主持，还是有顾虑。我说："孩子好不容易表达了自己的想法，您也了解孩子的学习现状，只要孩子能主动地动起来，就是巨大的进步！我们应该给予大力支持，保护孩子的上进心。"家长说考虑后再与我联系。

过了一段时间，家长同意了孩子的想法，我又帮助小程找了专业教师。这期间，小程的表现明显好起来：知道学习了，不玩手机了，最重要的是脸上有了笑容。

高三毕业，小程顺利地考入了一所大学的播音主持专业。

（安立国，山东省枣庄市第十六中学北校区）

抓关键期，帮学生迈上高台阶

案例

从容地做一名高中生

接手高一新班不久，我就发现小伟在学习的方方面面都无法入轨：作业不交是常态，课堂提问一问三不知，任课老师几乎天天反映他的新问题。

过去，我也碰到过此类学生，往往经过一段时间的思想交流就可以改观，可我在小伟身上花了很大工夫却一直不能奏效。我感到小伟可能是产生了严重的厌学情绪，必须做好引导矫正工作，而且不可能一蹴而就。

我首先找到几个与小伟初中是同学的学生，向他们了解小伟过去的一些情况。通过了解我得知，小伟在一所乡镇初中就读时，学习成绩在整个年级都是出类拔萃的，有很强的自信心和进取心。他爸爸妈妈在外地打工，他跟爷爷奶奶一起生活。因为小伟成绩好，爷爷奶奶以他为傲，一味地宠着他、哄着他，他平时的吃穿用都较为讲究。老师们也对他很放心，学习、生活中的细枝末节一律不予计较，班级、年级的表彰奖励非他莫属，老师、同学平时对他总是赞许有加，可谓是“众星捧月”。

他过去听课非常认真，上课效率比较高，课后几乎从来不写作业。由于成绩一直处于年级前列，老师对此也就“睁一眼闭一眼”了。对于这样的做法，他还在同学面前沾沾自喜。中考时他考了全年级第一名，顺理成章地考取了这所高中。

根据小伟的特殊情况，我跟他长谈了一次。我和他谈及他中考取得的好成绩，希望他介绍一下初中时的学习经验和方法。小伟开始时有点支支吾吾，后来看到我丝毫没有指责他的意思，就渐渐打开了话匣子。原来，进入高中以后，学习环境变了，班里学习能力强的同学很多，他的心理优势没有了。再加上他是住校生，生活起居不再有爷爷奶奶照顾，他很不适应，有几门学科有点跟不上趟了，而且与他同宿舍的两个同学睡觉打呼噜，吵得他睡不好觉，为此还与他们闹翻了。

了解情况后，我做了一系列工作。

针对他学习方面的困难，我特地请一个已上大学的学生给他写了一封信，因为这个学生在高一时也出现过类似问题。我让这位学长给他介绍了自身克服困难的做法和体会，主要是把握好初高中学习衔接的各个环节，让他汲取榜样的力量。我还和他一起分析高中的学习特点，告诉他：“高中的各门学科学习难度增加了，知识体系更严密，知识点环环紧扣，必须‘瞻前顾后’。”

经过准备，我在班里召开一次以“我要从容地做一名高中生”为主题的班会，让学生们谈谈想法。班会上，大家畅所欲言，班长还特别请小伟发言，他坦诚地道出了自己的困惑，并向大家咨询解决策略。同学们纷纷发表意见，提出中肯的建议。小伟发现班里有着与他一样困难的同学还不少，但是有的同学很快就翻越了初高中衔接的“坎儿”，他受到鼓舞，消除了对自己失望的心理，准备采取措施进行调整。

我们班还组建了几个学习帮扶小组，让暂时不能适应高中学习生活的学生分散到各个小组，借助集体力量来解决他们的问题。参加学习小组的学生互帮互助，不仅学习有了起色，同学关系也融洽了许多。我还与任课老师联系，让老师们成为小伟他们的“成长导师”。我同时鼓励他们报名参加这些老师指导的学校特色社团，丰富了他们的课余生活，激发了他们的学习兴趣。

至于小伟的住宿生活问题，我利用一个晚上召开了住宿生会议，让学生交流住宿之后的体会。住宿生大部分和小伟一样来自农村，我们一起讨论平时生活安排的细节，比如洗衣、沐浴、作息等，大家都谈到了个人的做法，对小伟的帮助很大。至于他的睡眠问题，经过和大家商量，我调整了宿舍，让打呼噜的同学与睡眠不易受干扰的同学住一起，问题就这么迎刃而解了。

另外，根据观察，我发现小伟对电脑特别感兴趣，就推荐他做班级里的电脑维护员，让他有了为班级服务的机会。一个学期下来后，小伟已经改变了消极的学习状态，方方面面都积极主动投入，又成了学习上的佼佼者。在小伟的带动下，班级里的厌学现象也有了根本好转。

（杨德明，江苏省盐城市第一中学）

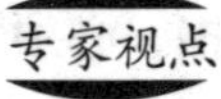

正确对待学生极度厌学现象

学习是一种与生俱来、与人类生存密切相关的行为。且不说人生来具有好奇心，喜欢探究自己不了解的新奇事物，就是从人自身来说，几乎所有活动，从衣食住行到与家人、朋友交往，都离不开某种形式的学习。而从人类整体发展来看，每一个个体的人作为人类生活的载体，不过是一个过程性的存在，年轻一代需要从年长一代那里学习工作、生活和思考的经验与方法，人类文明的一切技术、艺术、科学和道德才得以不断传递下去。正如杜威所言，社会的继续生存，必须通过教导和学习。在它最广泛的意义上，教育乃是社会生活的延续。这种对于新生成员的教育应该是以他们个人兴趣为导向的。因此，理论上无论是从个体还是社会群体的发展来看，学习都应该是出自人内在的生活需要、主动地感兴趣的活动。然而，是什么原因使得学生对本该感兴趣的学习活动产生了厌恶呢？

一 正确看待　理性认识

厌学是指学生对学校学习生活产生厌恶心理和行为反应。通常情况下，教育研究人员把学生厌学看作由于消极负面心理所导致的种种错误行为——学习态度不端正、认识模糊、情绪消极、意志薄弱、行为懒散等，这种观点在现实教育中也总是很容易得到教师和家长的认可。他们齐心协力试图将学生厌学的表现消灭于萌芽状态，就像园丁为了小树苗壮成长必须及时砍掉“长歪”的枝丫，他们期望通过对厌学学生进行劝导说教、不断督促和严厉批评等方式来达到令学生尽快认识并改正错误，进而改变厌学状况的目的。然而结果往往事与愿违，特别是对于那些厌学情绪强烈的学生，有时不仅不能有效调动学生的学习热情，反而会激起学生更为强烈的逆反心理，使情况愈加恶化，导致逃学、沉迷网络、辍学甚至自杀等极端现象发生。因此，要解决学生极度厌学问题，首先需要正确看待学生厌学现象。

厌恶是一种反感的情绪，它本身作为一种高度社会化的情感，受社会环境的影响，也是通过学习而得到的。大多数人在三岁后才会有厌恶情绪，三岁前的孩子通常不会产生厌恶而是代之以愤怒来发泄自己的不满情绪。社会心理学研究表明，当人的生理和心理发展到一定程度，他所认识的情景与自身的价值观发生冲突时才会引发厌恶。青少年时期是人的价值观形成的关键时期，同时也是人的认识能力和自主意识快速发展的时期，在这一阶段人对于厌恶的理解能力和体验能力随着认识能力的提高也不断发展完善起来。当人对于外界事物的认识与其日益形成的价值取向产生巨大冲突时，就可能产生极为强烈的厌恶情绪。因此，学生强烈厌学情绪的产生本身也是其价值观逐步形成，认识能力和感受能力发展到一定阶段的一种表现，是成长的一个标志。

一般情况下，伴随着成长过程，处于青少年阶段的中小学生或多或少会存在不同程度的厌学情绪。毕竟学校的学习生活不同于人类一般意义上的学习——出于生存和满足个体好奇心需要，与学习者个体生活密切联系。伴随着人类文明程度的不断提高，通过直接参与各种社会活动所能够进行的学习越来越不够，为了引导学生充分学习高度文明社会所积累起来的全部资源和成就的正规学校教育就显得日益重要起来。正规学校教育通过班级授课制把儿童组织起来，让他们分科目学习与儿童现实生活并无多大关联的间接知识，甚至从幼儿园到中小学到大学都侧重于知识的逻辑顺序，而置学生心理发展顺序和不同阶段、不同特性学生的个性化学习需求于不顾，这样，主动感兴趣的人类学习活动便变成了“被迫”的学习专业知识的行为，于是悲剧产生了，学校每每成为学生深感痛苦的场所。

学生的生活世界本来是一个完整的总体，他们是自己生活世界的主人。喜欢新奇、爱好各种不同活动是学生的天性。从一个场所到另一个场所，从这种活动到那种活动，兴趣不断转移，不同活动所带来的喜悦成为促进他们进一步活动的驱动力。在他们主动驾驭的各种活动之间是一个连贯的过程，没有割裂，他们从中得到的是个人和社会兴趣的统一，他们所关心的事物之间都是自然联系、不断变化和发展的。然而当他们进入学校后，严格分科、以逻辑顺序编排、与他们生活经验缺乏联系的抽象的知识体系“学习”把他们与生活世界硬生生割裂开来，不考虑学生的主动性，呆板单调地将孤立、片面、静止的知识储存进其头脑中，而且又常常过分重视成绩、以考试分数衡量学习结果，最终使学习成为外部的、与学生需要无关的被迫活动，成为不顾学生感受，整日让学生呆坐死记，抹杀学生主动性的苦役。在这种情况下，学生产生厌学情绪实属正常。所以，对于厌学情绪强烈的学生不能操之过急，一概把他们归为“问题学生”之列，而应该以发展的眼光来看待，通过理性分析不同学生的不同原因，有针对性地对他们采取教育措施。

二 深入了解 客观分析

尽管中小学学生厌学现象非常普遍，但很多属于轻微或中等程度，严重厌学的通常只是个别学生。研究表明，学生厌学存在一些普遍规律和特点，比如，在从小学到高中的学生中，初一学生厌学现象更为突出；非毕业班学生比毕业班学生厌学人数多；农村和城市学生相比，农村学生厌学人数更多；男生厌学情况比女生严重；等等。然而具体到个别极为厌学的学生，往往又有着其非常特殊的情况或原因，难以一概而论。只有深入学生生活中彻底了解学生厌学情绪强烈的根本原因，才能根据具体情况寻求解决办法。

通常情况下，学生从偶尔出现厌学现象的轻度厌学到中度厌学再发展到严重状态，会经过一个负面厌恶情绪习得性的累积过程。在这一发展过程中，受到周围环境影响，学生厌学程度不断加重、厌学情绪不断增强，通常伴随了周围人对于他负面情绪反应不断加强的过程。由于各种原因，学生不断感受到“被厌恶”，随着“被厌恶”的感觉越来越强烈，“被厌恶”体验不断加深，他们从中不断习得并强化自身的厌恶情绪，并把这种强烈的厌恶情绪发泄到学习上，最终导致强烈的厌学情绪的产生。学生从周围环境中习得厌学主要来自三个方面：首先是家长，其次是老师，最后就是同学同伴。事实上，学生厌学现象特别是强烈厌学情绪的产生，除了学生对学习极度厌恶之外，同时也伴随着对家长、老师、同学以及学校生活的极度厌恶，他们不愿同家长、老师沟通，与同学关系紧张，甚至对无能的自己也深深厌恶——因为自己没有能力处理好学校生活中的各种问题。

有研究表明，学生厌学情绪强烈大多与学习成绩有关，特别是当学生不仅一门学科成绩差，而且是特别差时，就会产生畏难情绪，觉得自己无论怎么努力都不行，就会产生自己无法控制自己学习效果的认知。一次次学业失败的经历累积起来很容易使他们形成凭自己努力“无法控制”学习的自卑心理，感觉前景无望，产生“习得性无助”，对学习彻底丧失信心，不愿再主动尝试任何努力，失去学习动机，产生强烈厌学情绪。

此外，我们的教育充满了竞争心态，造就一个个功成名就的成功人士成为学校教育的重要价值体现，至于在现实社会中比考试分数更重要的生活教育——如何学会与他人共同生活，则被忽视。“不要输在起跑线上”的焦虑、急切心情使得很多家长和老师将“成王败寇”“输不起”的心态暴露给学生，对于成绩差且经常不按要求完成学习任务的学生往往气不打一处来，毫不掩饰地表现出不喜欢、排斥甚至厌烦态度，批评抱怨学生懒惰、不自律、不上进，有时还会讽刺、挖苦，甚至有些家长恨铁不成钢，对孩子大打出手。学生们也会受到家长、老师特别是班主任态度的影响，看不起那些学习成绩差又不遵守纪律的“双差生”。于是，作为老师面前不爱学习的“差生”、家长心目中屡教不改的“坏孩子”、同学同伴眼里的“低能儿”，一些学生会感到非常痛苦却又无力改变，从而产生自我厌恶心理，投射到学习上，不仅会造成由于学习成绩不断下降导致厌学情绪不断加剧的恶性循环，还可能形成对凡是与学习有关的人和事产生“厌恶反应定式”——宁愿去做其他任何与学习无关的事而不愿学习。

三 因人施教 更新观念

学生成绩差是产生强烈厌学情绪的主要原因，然而学习成绩差的学生各有不同根源。没有一开始就厌恶学习的学生，每个学生最初都渴望学习成绩优秀从而获得老师、家长的赞许以及同学们的认可。老师和家长不能把学习成绩差简单地归为懒惰、不自律、不上进等学生主观因素，更多学生可能是由于学习内容枯燥、教师授课方式单调、父母期望过高、自身学习方法不当等客观原因造成的，另外还有身体状况、家庭变故、交友不慎等各种各样的原因。家长和老师不能只看到学生成绩差这个表面现象，而要深入了解现象产生的深刻根源，然后针对不同学生的具体情况采取相应的措施。

对于学生由于教学内容和教学方法产生的厌学情绪，老师要及时调整自己的教学过程，努力将所教内容与学生的现实生活联系起来，尽量给学生创造积极参与的情境和氛围，让学生在生动的情境中主动发现问题，并允许学生用自己的方式思考和解决问题，而不是直接把结果告诉学生让他们被动地死记硬背。对于家长不顾孩子实际给孩子施加很多学习压力的情况，要耐心做工作，让家长树立起孩子身心健康成长比分数更重要的观念，更多关注孩子的心灵和人格成长，放弃以成绩束缚孩子的做法，相信每一个孩子都是独特的，相信孩子的潜力，放手让孩子发现自己的天赋，鼓励孩子自信大胆、坚定地做出自己的选择，走自己的成人之路。对于在学习方面遭受了无数次失败打击，完全失去信心，极端厌恶、恐惧学习的学生，家长和老师不能再硬逼着他们学习，而要在日常生活中给他们提供做其他事成功的机会，帮助他们获得信心。对于处于青春期叛逆情绪强烈的学生，家长和老师要多关心他们的生活细节，在细微处给予他们理解和引导，真正走进他们心里，让他们感受到温暖和被接纳。对于那些被同学排斥的学生，教师应通过开展丰富多彩的集体活动，让学生在共同活动中形成诚信善良、友爱互助、团结合作等优良品质。就如同只有在游泳中学会游泳一样，道德品质教育离开了学生共同活动的体验很难通过灌输和记忆获得，学生参与未来社会生活所需的正确价值观也只能在参与他人组成的集体活动中不断树立起来。通过开展集体活动，学生们才能真正体验到只有自我负责、诚信互助、齐心协力才会共赢，而不是把同学看成是学习成绩上的竞争对手，把同学想象成自己要超越、战胜、打败的“假想敌”。同时，与老师和同学建立起的真挚情谊是学生喜欢学校生活的重要因素。在现实教育中，情感因素常常是学生乐学、善学的基础，良好的师生关系、同学关系可以转化为促进学生热爱学校生活、自觉学好功课的强大动机。给学生创设更多集体活动的机会，让他们在参与共同活动过程中主动地学会生活、学会学习正是当前教育实践中为最欠缺的。

教师深刻了解学生强烈厌学情绪产生的根源，并有针对性地采取措施的过程，也是教师自身更新教育观念和做法的过程。深入了解学生需要教师花费大量时间和精力，没有对学生的关心和爱很难做到。教师组织开展

丰富多彩的学生集体活动，让学生在不同活动中的兴趣和才能得到充分展示，尊重每一个学生的成长，接纳、理解那些厌学学生，尽量在不同方面给他们创设成功的机会和体验，帮助他们树立自信，从学生立场出发改进自己的教学方式，这些都需要教师彻底改变传统权威型、命令式的师生关系，彻底改变竞争型、自我式的同学关系，建立起民主平等、和谐共处的师生关系，形成友善关爱、诚信互助的同学关系，给厌学情绪强烈的学生以巨大的情感动力支持，使他们最终摆脱由于连续失败体验而导致的自我厌恶、自暴自弃的心理状态。

（王彦力，天津教育科学研究院研究员）

学生过于以自我为中心，怎么办

认识“自我中心”：需全面且客观

他们，陷入了自我世界的中心

自我中心的心理学解释

过度的自我中心是一种性格缺陷，这种性格特点在中小学生中很常见。这样的学生会无意识地以自己为整个世界的中心，他们的思维模式就是：我是这个世界的中心，外界的一切都应该围绕着我来运转。一旦不是这样，他们就会感受到强烈的挫败、悲伤甚至愤怒，这会导致他们难以建立良好的人际关系。所以我们会看到有自我中心特质的学生往往被班级同学厌恶和排斥。近年来的研究也发现，中小学生的自我中心性格与其心理健康水平有较为密切的联系，自我中心倾向比较重的学生，在情绪管理、人际关系上明显低于同龄人的平均水平。这类学生往往会受不理想的人际关系和不良的内心环境所困扰，但是班主任一般的思想工作又很难帮助其纠正。

自我中心性格的形成原因

按照客体关系理论，一个人的人际关系模式与其童年时期所处的家庭中的关系有密切联系，因为个体长大后会无意识地寻找和重复与以前家庭关系相似的人际关系，在这样的关系中，个体会有比较强的存在感以及价值感，所以即使不受朋友和同学欢迎，他们也难以改正自己的缺点。可以说，每个具有自我中心人格特质的学生，都有一个溺爱、对他们的要求无休止满足的家庭。正因为在这样的家庭中，个体的要求（包括物质要求和精神要求）都能得到满足，所以就逐渐形成了“我是世界的中心，外界的一切都应该围绕着我来运转”的思维模式。等到长大后，个体开始逐渐脱离原来的家庭，走到家庭以外的地方（例如学校）建立新的人际关系，这时学生会发现家庭以外的人不会全部满足他的所有要求，于是就会产生诸多适应不良，如人际关系差、情绪起伏大、受挫感强烈等。

自我中心性格的典型表现

在中学生中，过于以自我为中心的具体表现有三种：自私、冷漠、归因错位。

自私。小岩是转校生，初中三年，他已第四次转校。起初班主任很疑惑，小岩成绩优秀、外形阳光、爱好广泛，怎么看都不是在学校待不下去需不停转校的学生。但一个月之后，小岩向班主任倾诉自己没有朋友的苦恼，班主任通过进一步了解，才弄清真相：大家在宿舍午休，小岩却把手机音乐的音量调到最大；同学学习上有困难去请教他，他说没时间；学校组织大扫除，他只管自己打扫完，对女同学抬不动垃圾等情况视而不见，等等。这样的人，确实在班级里难有好人缘。令班主任为难的是，小岩似乎觉得自己这样为人处世再正常不过了。

冷漠。小野在班里有个外号，叫作“无关”。因为他的口头禅就是“与我无关”，同学生病让他帮忙请假，他说“与我无关”，同学只好自己跑一趟学校交请假条；同桌上课时忘记带课本，想和他共用一本，他说“与我无关”，并跟班主任提出要换座位；上美术课时同学想借他的橡皮，他说“与我无关”，要老师来跟他说，他才愿意把橡皮借给同学。慢慢地，他发现自己在班里没有朋友，班里发生的趣事他也是最后一个知道，班里的人和事真的与他“无关”了。

归因错位。临近考试，小林出现了一些反常表现。有时候会兴奋异常，和同学们一直讨论学习上的事情，有时候又会无缘无故心情低落，整天不和同学说一句话。班主任仔细询问才知道事情的原因：每当作业或者测验得了高分，小林就会认为是由于自己优秀才拿到好成绩；而一旦分数不理想，小林又觉得是因为老师出题太偏、太难，或者考试的时候被同学干扰，由此对老师和同学心生怨气。小林总是把好事的发生完全归因于自己，而把坏事的发生完全归因于外界，即归因错位。这样的归因方式很容易导致学生情绪上产生较大的波动。

（黄德信，广西壮族自治区南宁市第二十六中学）

家校合作，改变过度自我中心形成的外部环境

多管齐下，改变“哭闹狂”

二年级开学没多久，新转来的小鹏便问题频发：同桌无意中碰掉他的课本，上课老师提问没点到他，教室图书角里他喜欢的书被另一个同学先借走了……，他都要哭闹不止，不问原因也不管场合。他的东西从不借给别人用，但他想用别人东西时从来不问，拿起来就用，用完也不道谢……

我几次找到小鹏，跟他讲道理，但没什么效果——这个孩子太自我了。我把小鹏妈妈请到学校，交流中得知，小鹏从四岁到转来深圳上学之前，

一直和奶奶以及两个姐姐住在老家。奶奶非常疼爱这唯一的孙子，两个姐姐凡事也都让着弟弟，而他的业余时间大都在读身为班主任的大姨从学校借来的图书，所以学习成绩一直不错。谈话过程中我也敏锐地捕捉到一些信息，“这孩子太任性了，从小到大，稍不满意他就大哭大闹，冲我们发脾气。几天前，他哭着非要我买可乐。我说我太累还要做饭，让他自己下楼去买，结果，他就躺在地上打滚……”妈妈说到这里，不住地叹气。

很显然，小鹏的任性、蛮横、过于以自我为中心与家庭的过分保护和溺爱有很大关系。家长的付出，在小鹏看来是理所当然的。大量阅读使他的课外知识比一般孩子丰富，再加上成绩不错，在呵护和表扬中，小鹏获得了过多的优越感。来深圳之后，他原先所有的优越感不复存在，这种落差使其“我是世界中心”的意识受到了前所未有的挑战，导致其情绪常常不能自控，潜意识中也许还有通过乱发脾气使自己再次成为焦点的想法在作怪。

像小鹏这样的孩子，在小学低年级阶段并不少见，对这类孩子的引导教育，必须从家庭教育入手，配合学校教育，用爱心和耐心引导，才能取得效果。

指导家庭教育方式

小鹏妈妈也认识到了孩子存在的问题，希望老师能给一些具体指导。我告诉她：“不能只关注孩子的学习成绩，要多些时间陪孩子，多和孩子沟通，了解孩子的想法，及时加以引导。只有家庭和学校双管齐下，才能帮助孩子改变过度以自我为中心的心理，形成规则意识。”然后提出了以下几条建议。

取消孩子在家中的“特殊”地位。只满足孩子的合理需求，让孩子知道自己在家里与其他成员是平等的；坚决拒绝孩子不合理的要求。

让孩子参与家务，为家庭成员做些小事情。让孩子自己的事情自己做，并教会孩子时常为别人做些事情。

学会冷处理。孩子在需求得不到满足而大哭大闹时，家长要坚持不迎合、不妥协。经过多次矫正之后，孩子就会明白采取哭闹的方式并不能达到目的，就会学着寻找更合适的表达方式，减少情绪爆发的机会。

尽量陪伴孩子参与更多的集体活动，鼓励孩子多参加各种活动，帮助孩子在与其他孩子相处中懂得人与人之间建立关系的原则。

矫正不合理认知

我再次把小鹏请到办公室，问他："你喜欢乱发脾气的人吗？"他摇摇头。"我们的班级就像一个大家庭，同学之间要相互帮助，相互尊重。你读了不少书，是不是要做有知识有修养的人？可是，有修养的人都会控制自己的情绪，不会乱发脾气，会遵守纪律。"我还告诉他，国外一个生理学家做过生气危害性试验，发现人生气时产生的分泌物有一定毒性，因此，平时爱生气的人，时间久了，肯定会生病，而且是比较严重的病。他很安静地听着，表情有点复杂，眼神开始躲闪："我不想生病，我以后不乱发脾气了！可我怕控制不住自己。"

提高情绪自控能力

对于一个八岁的孩子来讲，要改变从小养成的习惯，学会控制自己，确实需要时间。"老师很愿意帮助你！"我说。最后，我和小鹏约定了帮助他的一些具体措施。

每天完成一项特殊作业。我让他记录自己在校、在家发脾气的情况，内容包括遇到的事情、当时的情绪、这种情绪可能导致的后果、用什么方法解决问题、产生的良好效果。如果没有控制住自己，最后两项可不填。

请其他学生监督。为了帮助小鹏改掉坏习惯，我专门召开了一次班会，让孩子们真诚地指出他的优点和缺点。我告诉大家他正在改变，希望大家能给他鼓励和帮助。班会结束后，很多孩子走过来和他拉手。懂事能干的语文科代表主动要求和小鹏坐同桌，成为小鹏在学校改变不良习惯的主要监督员，负责提醒小鹏完成记录单。

结合表现给予奖励或惩罚。只要小鹏一整天都没有在家和学校发脾气、没有违反课堂纪律，我就在交上来的记录单上盖一个小印章。如果一周记录单上都盖有印章，就可以兑换一张精美的明信片，四张明信片可以换一本喜欢的课外书。上课发言时，如果同一个问题出现不同的答案，就请他做裁判，但一定要说出评价理由。

有了家庭和同学的监督提醒，也为了得到喜欢的课外书，成为课堂上的裁判，小鹏努力地控制自己。虽然难免会出现反复，但经过提醒也很快改正了。后来，小鹏几乎再没有违反我俩的约定，同学关系也融洽了，妈妈说孩子在家懂事多了。没过多久，我们学到了《井底之蛙》一课，小鹏最后发言，他说自己以前就像井底之蛙，觉得自己的课外知识很丰富，来到这个班集体才知道“人外有人，天外有天”，他要向这些同学学习。期末班级评选优秀少先队员时，小鹏以过半数选票当选。

（黄春丽，广东省深圳市福田区园岭外国语小学）

转变，从家长开始

初一开学第一天，小松与小宇就打了起来。我向小松的小学同学了解情况得知，小松上小学时就这样，凡事只想着自己，从来不管别人，全班谁都跟他合不来。“只要他与同学闹矛盾，他妈就会来学校理论。”“上小学时，我们好多人都被他妈说过。”……

我思索着孩子们的话，考虑着小松的情况，并与心理老师一起研究对策。我们认为：小松是一个以自我为中心的孩子，为人处世从不管别人、不顾及别人的感受，任由他这样发展下去，对他个人和班级发展都不利。而且小松身上的问题，与其家长在教育方面的问题直接相关，转变孩子先要转变家长。

没等我找小松的家长，小松的妈妈就打来电话，说小宇平日里总欺负小松，今天的事情错在小宇，都是小宇不对，老师要主持公道。电话里，我没有过多解释，只是告诉她，我会公正处理的，并请她有时间到学校来一趟。随后，她两次到校，每次一来就数落别的孩子，交流效果并不理想。我不断地研究对策，寻找解决问题的办法。小松的妈妈溺爱孩子，希望孩子比别人都强，才这样事事护着孩子，却没意识到自己的行为已经导致小松形成了过于以自我为中心的思维模式。

一天，小松的妈妈又来到学校，我不等她开口数落别的孩子便单刀直入地说："您先听我说，我们的目标是一致的，都希望孩子将来能有所作为。您是个明白人，请您为孩子的将来想想。三年后，孩子上了高中，您能天天跟着他吗？六年后，孩子上了大学，您也天天跟着他吗？等孩子工作了，您还要天天跟着他吗？孩子总要长大，要学会交往，学会自己处理同学关系，解决各种问题……依他现在的情况离开家，您能放心吗？"这一次，家长似乎听进去了，我与家长的交流也取得了初步成效，建立了家校统一战线：共同抓好孩子学习，抓好孩子与同学的交往，帮助孩子转变自己。

不久，学校选举新团员，按照学习成绩考核，小松名列前茅，应该没有问题，但是在全班投票选举环节却无一人选他，最终落选了。这对小松来说是意想不到的，他竟然一个朋友都没有，关键时刻竟然没有一个人投他的票。看得出，他很失落。

我找到小松，跟他说："想要别人心中有你，你心中先要有别人，你应该多从自己身上找原因，想想平时都是怎样做的？"小松仍觉得自己没什么不对，平日里都是同学不好，他才会与同学发生矛盾。我把这件事告诉了小松的妈妈，帮她分析了孩子当前的问题，进一步强调只有家庭对孩子成长的导向转变了，我们对小松的教育才能取得真正的效果。

小松妈妈听后更坚定了改变孩子的决心，并开始由口头上支持小松与同学交往转变为以实际行动支持。每天小松学习结束，她都会让他找同学去玩一会儿；有时同学来找小松，她也不再像以前那样把别人撵走。

我又与小松约法三章：凡事礼让三分，说话不伤和气，不可与人动手。有空我也经常找小松交流，了解他与同学相处的情况，并给他以鼓励。他能一周时间不与同学发生矛盾，我就在班级表扬他，家长也会在周末给他奖励。我还在班级成立团结小组，专门解决同学矛盾，促进同学团结互助；组织开展“团结就是力量”等主题班会，倡导团结互助，共同进步。

经过家校双方的共同努力，小松有了明显进步，原来几乎每周他都会与同学发生几次矛盾，逐渐减少到每月才会出现几次，因矛盾而动手的情况也减少了。第二学期，校团委增加了一次新团员评选活动。小松人气很高，这次他如愿当选了。

（王佩军，黑龙江省伊春市上甘岭区中学）

认知矫正：帮学生跳出完全自我的世界

从“我认为”到“认为我”

小月考测验以后，我在本班网络论坛看到一个学生写的帖子，指责本班“刘某人”只顾自己学习，从不过问集体的事，对自己的“帮扶小对子”不闻不问，语气非常不友善，跟帖的同学里有 11 个表示“鄙视”。把几条信息一综合，我立刻就明白这里的“刘某人”是指小刘。小刘确实非常聪明，学习成绩名列前茅，而且还多才多艺，但就是与同学的关系十分紧张。他瞧不起班上的其他同学，只关心自己的问题，很少主动关心别人，为人处世从不考虑别人的感受；上课随意回答老师的提问，视纪律为无物；凡事都只想满足自己的期望，要求人人为他，却置同学们的需求于度外，不愿为同学们提供半点帮助，好容易参加了“帮扶小对子”，却从没帮扶过他的小伙伴。

是时候跟小刘谈谈了，但如何让他信服我的话而愿意改变？我觉得可以从小刘的“需要”入手。友情和朋友，是小刘最缺乏的东西，也可能是他冷漠的外表下最向往的东西，从这里入手，也许会事半功倍。

我把小刘找来，他挺傲气地说：“老班，您想说什么？我的学习成绩？我认为我这次考第九是退步了点儿，但下次我会努力的。”

我笑笑：“我相信你，成绩起伏波动在所难免。这次请你来，不是说学习的事儿。”

“那是什么事儿？我认为我没什么地方做得不好。”小刘一脸的不耐烦。

我不动声色：“你觉得老师请你来就是为了批评你？”

“难道不是吗？我认为进老班办公室的学生都是犯了错的学生。”他的语气充满理所当然。

“小刘，我们先不说你的观点是否正确，从进门到现在，你说了三句话，包含了三个‘我认为’。敢于表达自己的观点，我很欣赏，但是总局限在‘我认为’里，未必好。你知道咱班同学是怎么‘认为你’的吗？”我步步引导。

“‘认为我’？我认为，嘿，不是‘我认为’。老班，也许是其他同学都嫉妒我吧，我在班里几乎不跟同学说话的。”也许是意识到“我认为”说得太多，小刘挺尴尬的。

“不跟同学交流，不孤单吗？”

“……”

“小刘，我很好奇，在咱班里，有你欣赏的同学吗？跟我说说吧！”

“呃，老班，我觉得朱小豪还不错。与其说我欣赏他，不如说我有点儿羡慕他。”小刘说得倒是很诚恳。

“为什么呢？他学习成绩跟你不相上下啊！”我装作不知。

“他很有活力，感觉班里同学都挺喜欢他，但他们不喜欢我。”小刘一脸无奈。

“小刘，我给你布置个课外作业吧。给你一周时间，观察朱小豪，把小豪在班里做过但你没做过的事情简单记录下来，一周后咱们再交流好吗？”我按兵不动，抬手送客。小刘满腹疑惑地接过我的小本子走了。

一周后，小刘捧着小本子如约而至，翻开一看，小本子上用清秀的字记录着朱小豪一周以来为班级做过的每件事。

我笑看着小刘：“小刘你说，朱小豪为什么那么受同学欢迎呢？”

小刘一脸讪讪之色：“老班的意思是，朱小豪为同学、为班级做了很多事，所以同学们更认可他。而我，因为没有付出过，所以什么也得不到？”

“小刘，你真聪明。这一周你也是有感悟的，没有付出就没有收获，这个道理不仅适用于学习，同样适用于生活。关心、认可、友情、尊敬，都需要双方共同付出才能得到和维持。你看，小豪知道自己的责任，所以轮到值日的时候他认认真真；老师给他布置‘帮扶小对子’的时候他欣然接受，而且倾力相帮；他想让咱们班在篮球赛中取得佳绩，所以他积极去练习备战。这一切，并没有耽误他的学业，更重要的是使他收获了比学习成绩本身更宝贵的财富，那就是友情以及同学们对他的尊重和认可。所以你说羡慕他，我完全理解。”

“道不同不相为谋，我不用他们的认可和尊重，我一个人照样也不错。”小刘假装不屑地撇嘴，心里明明有所触动，嘴上却不愿承认。

“小刘，在班里，你总是一个人，你真的快乐吗？你学业优良，这很好。可人这一辈子，不能只有学业，甚至可以说，学业不过是人生中小小的一部分。而同伴之谊、同窗之情却是一辈子的事。设想一下，10 年、20 年以后的你，回顾自己最美好的初中时光，却只能记起自己一个人的身影，而你的同学们却可能早就忘记你了；没有与同学们共同拼搏奋斗的苦与乐，没有高兴时朋友们一起欢笑、受伤了大家一起哭的豪情，没有在你需要时伸出一双温暖的手，甚至没有一句关心的问候，这样的你，真的会快乐吗？因为你的过分自我而放弃拥有这些真挚情感的机会，这样的你，真的不会遗憾吗？”我紧紧抓住小刘渴望友情和朋友的心理，动之以情。

“老班，说真的，论坛我天天看，我知道他们说的是我，现在怎么办呢？老班，还能改变吗？”小刘有些急切。

“小刘，人非草木，孰能无情？你愿意去改变，那很好。用心换心并不难，咱们班的进步需要你，班里的同学在等着你。临渊羡鱼，不如退而结网。你不是有张‘小豪清单’吗？我建议就从这张清单开始吧，做到一件就画个对钩，坚持下去，你会有收获的。”小刘信心满满地走了。

那以后我时刻关注着小刘：他开始主动值日了；他开始给同学讲题了，积极帮助他的小伙伴，有时候为了一道小题耐心讲解好几次；上课时他再也不随意插话了，开始举手发言了；从未参加过班级活动的他，运动会上积极报名，合唱比赛上弹着钢琴，面带微笑，给全班伴奏……。渐渐地，我看到，小刘笑的时候多了，身边有朋友了，在班里跟朱小豪一样受欢迎了。他对我说：“老班，我很幸福！比考了第一还要幸福！”

我知道小刘是幸福的，因为他不再像以往那样过于以自我为中心，而是找到了归属和爱，尝到了与人分享、合作、互助所带来的快乐。

（彭森，山东省济南市第六十八中学）

集体教育：融入集体才能走出自我中心

为孩子创设积极的交往“情境”

通过一段时间对本班那些过于以自我为中心的学生进行重点关注和研究，我发现，这些“特殊”孩子大多不善与人交往，缺乏相互理解，不懂得“换位思考”，从而难以处理好与同伴的关系。为了清除个别学生过于以自我为中心的“顽疾”，我便想方设法为孩子们创设积极的交往“情境”。

学生A：一个油瓶倒了都不扶的孩子，打小就在蜜罐儿里长大，在家从不做家务，面对学校或班级分配的劳动任务，也总是以各种各样的理由、借口推脱。对此，我利用“从众”心理，培养学生的劳动意识、集体意识。

在心理学中，从众是指个体在真实的（有时是想象的）群体压力下，表现出与群体其他成员行为一致的现象。在对学生A的家庭状况、日常表现进行深入了解后，我得知，在家里，祖辈、父辈常视其为“掌中宝”，对待劳动，她“不以为荣，反以为耻”。鉴于此，我在分配班级劳动任务时，将她与几名劳动积极的学生安排在了一组。起初，她的表现不尽如人意，但通过引导组内其他同学与其积极交往，加之我不失时机地捕捉、放大其身上的“闪光点”，半学期过后，学生A简直判若两人了。尤其是我班获得卫生流动红旗的那一刻，我看到了她脸上无比灿烂的笑容。

学生 B：一个缺乏悲悯之心与责任感的孩子，曾有学生“爆料”，看到大街上乞讨的老人，他不仅不屑一顾，甚至还跟同学说：“看他身上脏兮兮的，就不值得可怜，干什么不好，非去要饭？”于是，我发动学生参加社会实践活动，在不知不觉中，学生懂得了同情、帮助、感恩和尽责。

我常利用节假日等课余时间，组织学生上街捡垃圾，到敬老院看望、帮助孤寡老人，去烈士陵园悼念革命先烈。

一次，我带着包括学生 B 在内的几十名学生到乡镇敬老院参观。回校后，不少学生在当天的日记记下了自己参观敬老院后的真切感受。学生 B 这样写道：“如果不是今天去敬老院看望孤寡老人，我还真没想到世界上还有这么多需要照顾、需要帮助的人！这些老人无儿无女、孤苦伶仃，我们有责任和义务为他们提供力所能及的帮助。”

在接下来的一次主题班会上，学生们共同确定了班会的主题：同情、感恩、尽责。

学生 C：一个极不合群的孩子，不懂分享、不善合作，就连班里组织的集体生日聚会，他也不愿参加。这个孩子自然不太受人欢迎，甚至经常受到其他同学的“排挤”。农村是一片广袤无垠的天地，假期应让孩子回归“自然”。在与同伴交往、嬉戏、追逐时，可让孩子增进友谊、懂得分享、学会合作，最终摆脱过于以自我为中心的状态。

了解学生 C 的家庭情况后我得知，他爸爸在镇里上班，妈妈做生意，家境比较殷实，虽说他的父辈兄弟姐妹较多，但他却是个独生子。也正因如此，孩子逐渐变得过于以自我为中心。我是从农村走出来的，时至今日，回忆起儿时在农村老家与同伴们追逐打闹的情景，仍是一种莫大的幸福。于是，我向学生 C 的父母建议，假期让孩子多回农村老家与小伙伴玩儿。

一个暑假过后，学生 C 变得活泼、开朗了许多，像换了个人似的。他

主动融入集体的意识增强了，越来越多的同学逐渐走近他、接纳他了。当然，体会最深的莫过于学生C的父母了。家访时他妈妈对我说："想不到这孩子会变得这么懂事，他现在还会对我和他爸嘘寒问暖了……"这话让我感动了很久，思考了许多。

可见，欲让学生走出以自我为中心的"个性化"，就要为他们创设积极的交往"情境"，实现其"社会化"。恰当处理"人的社会化和人的个性化"之间的矛盾，方可实现人的"和谐发展"。

（刘向权，安徽省利辛县纪王场中学）

"百花齐放"才能"春色满园"

在一年一度的班级"三好学生"和"优秀班干部"评选中，几名平时成绩很好的学生却落榜了。仔细分析他们平时在班里的表现我才发现，他们几乎都有相同的特质：在平时的生活和学习中，他们只关心自己的学习，说话做事始终把自己放在首要位置，从来不会顾及别人的感受；作为班级的一分子，却对班集体任何事情都漠不关心。

由稳操胜券到一无所得的反差着实给那几名学生上了一堂生动的课。看到他们脸上的失落和难堪，我没有听之任之。经过一段时间的一对一沟通之后，我发现虽然他们生长的环境不同，但他们性格形成的因素则大同小异。并且这几个学生还有一个共同的特点：除了学习成绩较好之外，都是体育迷，而且在篮球和足球方面比较有天赋。我决定以此为切入点，让学生从实战对抗中受到启发。

一天下午，最后一节课正好是体育课。和体育老师沟通后，我们临时在班内组织了一场篮球对抗赛。分组时，我有意把球技较好但太自我的那几个学生分在一组，把球技一般但集体意识较强的分在另一组。面对这样的分组，学生们很不解，看似优势明显的那组更是一脸不屑。比赛正式开始，两组进行了激烈的对抗。抢断、运球、带球、投篮，几名比较强势的学生一拿到球就开始进行个人表演，对同伴视而不见、听而不闻。这样，半场下来，本应该占优势的反而比分落后。交换场地再战，依然是同样的结果。很明显，他们的落败不在于技术，而在于散漫的毫无组织性的打法。

晚自习，待他们心情平复下来后，我一个个把他们请进办公室，让他们各自谈谈比赛后的感受，并分析失败的原因。毕竟是高中生，在交流过程中，他们也能说出“个人主义”“自我中心”等词汇，显然开始认识到了自己的问题所在。听到这些，我欣慰之余，又因势利导地和他们聊起刚刚结束的世界杯夺冠之战。实践出真知，两场比赛，让他们开始意识到只有个人没有集体是无法成功的。尽管没有点破，但接下来在他们身上悄然发生的改变证明我的举措是有效的。

为了巩固和跟进教育成果，继篮球比赛之后，我又利用每周的周会课在班级开办了名人堂讲座，从屈原、杜甫再到鲁迅、钱学森等，除了让学生们重新认识这些曾经熟悉的人物之外，更重要的是把他们带入“他们为什么会这样做”的深层思考之中，希望这些名家名人的人格魅力能对学生思想和人格的形成产生潜移默化的影响。实践证明，讲座取得了良好的教育效果。

“一朵具体的花胜过一千种描绘。”针对学生“自我中心”“个人主义”的问题，与其板起面孔空洞地讲“众人拾柴火焰高”“团队精神”“合作意识”等，不如把他们带入生活中，让他们在具体的事件中切身感受、体会狭隘思想的危害和隐患，这样的教育效果可能会好得多。

（陈士同，安徽省霍邱中学）

促进学生转变的五个“追问”

为纠正一个学生过于以自我为中心的思想意识，我抓住合适的时机，通过五个追问引导他体验、思考、转变，最终让他对以前过于以自我为中心的意识、行为有了正确的认识和评价并感到后悔，发现完全以自我为中心是一种可笑的思维模式。

追问一：“与同学相处，你心情畅快吗？”

这是为了引导学生体验挫折。过于以自我为中心的学生人际关系往往会存在问题，在同伴交往中容易受挫，班主任可以抓住学生遭遇挫折的时机，进行适当的引导教育，使学生体验、感悟友情的可贵。

追问二：“你自立自强吗？”

班主任要寻求家长的合作，让过于以自我为中心的学生在家中做力所能及的家务，学会承担责任，逐渐改变自我中心意识形成的环境，同时通过这种追问以及与其他自立自强的优秀学生的对比，引导学生体验、醒悟。

追问三：“你希望更进步吗？”

这是为了启发自我感觉过于良好的学生与更优秀的学生做比较。他们接触到比自己更优秀、更具专长的人，认识到“强中还有强中手”，就不会为自己的一点小成绩而自以为是了。同时，班主任还要建议家长多带孩子出去走走，看看外面精彩的世界，而不要“坐井观天”，夜郎自大。当他们认识到自己与别人的差距，就会懂得谦虚并更加努力。

追问四：“你希望更优秀吗？”

要让学生学会正确对待表扬与批评。学生总有不足的地方，必须正确对待他人的表扬甚至吹捧，不能得意忘形。对待别人的批评则要养成“有则改之，无则加勉”的良好心态。

追问五:“你认识真正的自己吗？”

通过这种追问，引导学生看到自己的长处，更看到自己的短处，这是为了让学生学会全面评价自己。在此还要提醒家长、老师，对孩子的表扬要适当，批评也要恰如其分，既不能以偏概全，也不能掩耳盗铃，要客观地指出孩子的不足。

过于以自我为中心的学生存在多种问题，老师要根据具体情况，细心诊断，把握时机，有针对性地采取措施。

（张泉胜，山东省济南市平阴县玫瑰中学）

教育要引导学生走出“自我中心”的藩篱

从个体心理发展来说，“自我中心”是每个人从儿童成长为成年人必须经过的一个阶段。即便是到了成人阶段，人们的语言、认知，包括对他人心理的认识，在多数情况下依然是先从自我感受出发，然后再进行调整的。也就是说，“自我中心”倾向即便是到了成人阶段也会依然留存，不过成人与儿童的最大区别是，成人能够依据环境来调整和纠正自我中心的视角。可以说，自我中心并不可怕，它是人类心理发展的固有特点之一。但是，过度的“自我中心”就如同建构了一个心理的牢笼，将自己紧紧地束缚于其中。很多教师和家长都抱怨孩子越来越难教，越来越“自我中心”，我行我素，不考虑别人的感受。这种抱怨不是没有道理的。很多教育专家也批判教育培养的“精致的利己主义者”“自了汉”越来越多。成功的教育要帮助儿童在“自我中心”的笼子里打开窗户向外望，透透气、透透亮：发现他人，欣赏他人；发现世界，理解世界。

一 防止过度的“自我中心”

“自我中心”是一把双刃剑。适度的“自我中心”，是个人保护个体独特性、抵御社会压力的武器，而过度的“自我中心”，却会出现自恋、人格膨胀和人际交往困难。20 世纪 60 年代，艾尔金德在皮亚杰理论的基础上提出青少年“自我中心”包括两个主要特征——假想观众（imaginary audience）和个人神话（personal fable）。假想观众是指青少年相信自己是众人关注的焦点，而在实际的社会情境中，并没有这样的众人存在；个人神话是指青少年相信自己是独特、全能且不可毁灭的。[①] 显然，适度的“自我中心”有利于增强个体的自信心和成就动机，而过度的“自我中心”会导致扭曲的个人认知。如果“自我中心”走到极致，可能就会成为道德上的瑕疵，轻则推卸责任、习惯于指责他人、缺乏自省精神，重则自私冷漠、习惯于索取。这将是很多教师和家长都不愿意看到的情况。

儿童的“自我中心”倾向在两个阶段表现得特别突出：一是幼儿期，二是青春期。幼儿期是由于受认知结构所限，而青春期则为自我意识发展和人格形成的重要时期。皮亚杰指出：儿童对于外在客观世界的认知或意识的建构立足于“以自己为中心（self-centred）”的认知结构，他只能从自己的观点出发去看事物，不能区别自己和别人的观点。不仅是认知的建构，儿童整个精神系统（包括意识与潜意识、理性与非理性等）的活动状态，都是以自我为中心的。[②] 到了 7 岁之后，进入具体运算阶段的儿童能够

---

① 鹿美丽．初中生自我中心与父母教养方式的相关研究 [J]. 中国健康心理学杂志，2008(2): 199-200.

② 丁海东．论儿童精神的自我中心主义 [J]. 福建师范大学学报（哲学社会科学版），2006(2): 151-155.

逐渐摆脱“以自我为中心”的状态。儿童的认知和心理发展，是一个不断摆脱“以自我为中心”的过程，皮亚杰将其称为“哥白尼式的革命”。这种“革命”在不同的孩子身上发生得有快有慢，因不同的个性及教养方式而异。皮亚杰认为去“自我中心化”认知方式发生的条件就是儿童能够区分主体和客体，知道哪些是自己的观点、看法，哪些是外在的客观事物或别人的看法。因此，儿童时期同伴之间的游戏、儿童动手操作物体，这两种活动都是至关重要的，让儿童学会区分自我和他人、主体与客体。

其实，现实生活中，儿童的“自我中心”不仅仅是受认知世界的方式所决定，也受关爱能力和移情能力的限制。有的儿童可以敏感地觉察出别人的悲伤、痛苦、不快的情绪，并及时地给予反馈，提供帮助；而有的儿童却不能。美国心理学家塞尔曼指出：儿童理解他人的观点和情感也是有一个发展阶段的，他用心理学术语“观点采择”这个词来表示儿童理解他人情感和想法的能力，并提出了观点采择发展的四个阶段。阶段 1：社会信息的观点采择（6—8 岁），儿童意识到别人有不同的理解和观点。阶段 2：自我反省的观点采择（8—10 岁），儿童意识到每个人都知道别人有自己的思想和情感，知道不仅别人有不同的观点，而且能够意识到别人的观点。阶段 3：相互的观点采择（10—12 岁），儿童能从第三者、共同的朋友的角度来看待两个人的相互作用。阶段 4：社会和习俗系统的观点采择（12 岁以上），儿童认识到存在着综合性的观点，而且也认识到“为了准确地同他人交往和理解他人，每个自我都要考虑社会系统的共同观点。”① 四个阶段的发展不是自然而然发生的，必须借助于教育，尤其是注重品格培养的教育。

二 克服“自我中心主义”的教育在不同阶段有不同目标

皮亚杰和塞尔曼的研究启发我们：从孩子进入小学起，直至初中、高

① 丁芳．论观点采择与皮亚杰的去自我中心化 [J]. 山东师范大学学报（人文社会科学版），2002(6): 111-113.

中，每一阶段的教育在帮助儿童克服“自我中心主义”方面应有不同的重点，也应该采用不同的方法，其中重点应放在小学教育和初中教育上。

在小学阶段，帮助儿童克服“自我中心主义”的主要任务是提高儿童的认知能力，帮助他们认识“付出与回报成正比”的道理。一般越是在家被宠溺、学业成绩好、有优越感的学生就越容易以自我为中心，认为别人关注他、对他好是理所当然的。对于这种孩子的教育尤其需要家长的配合。家长在教育中不能无条件地满足孩子的物质需求，而要让孩子明白他必须付出努力。比如，笔者在教育孩子的时候，就建立了一套“积分卡”制度：孩子帮助做家务，可奖励一张积分卡；积极锻炼身体，也奖励一张积分卡。这些积分卡可以兑换成钱（一张积分卡兑换成 5 块钱）。孩子要买玩具就不需要再凭着哭闹或看父母的心情去索取，而是可以动用自己辛苦赚来的积分卡去购买玩具。孩子可用积分卡支付玩具 50% 的费用，另外 50% 的费用由家长来支付。这个做法的主要目的是：让孩子尽早学会社会合作规则体系中的一个最简单、最重要的原则——所得与所付出的是相称的。人际互动与关爱也是互惠的，想得到他人的关爱，必须先去关爱别人。

在小学低年级，重要的是引导孩子去遵守规则。很多家长受浪漫主义教育思想的影响，给予孩子过度自由，却不太习惯教孩子学会遵守规则。学校作为连接社会和家庭的重要一环，是促进学生社会化的重要场所，需要补上遵守规则这一课。同时，教师也要引导学生“学会倾听”，理解别人的观点。比如，一位班主任在班会课上可能会告诫班上的孩子，不光要听清楚班主任说的话，其他同学在课上的发言也要认真倾听，否则就不知道正确答案。在小学高年级，儿童逐渐知道了自己眼中的自己与他人眼中的自己是很不同的，教师和班主任需要更多地鼓励孩子形成自我反省的意识，并培养学生关心他人的能力。教师和班主任在课堂教学和班级管理中应始终高扬“关爱”的价值，培养家庭一样充满关爱的班级氛围，创造机会让每个学生在教室里都要承担一份责任。遵守规则、学会倾听、自我反省、关爱他人、承担责任，这些都是儿童摆脱“自我中心”所必须要做的功课。

初中生在青春期经历着“第二次心理诞生”过程，他们要从家庭依赖和童年期中“孵化”出来，去成为一个更加独立的人，他们在种种人际情感冲突、矛盾纠结中寻求“自我突围”。他们逐渐学会了从他人的眼中来看自己的行为，对于他人的看法很敏感；崇拜偶像和英雄；情绪不稳定，对自己的评价忽高忽低，观点容易偏激。这一时期的教育，重要任务不是“围堵”和指责，而是要帮助学生疏通心理问题，让他们学会与“自我”和平相处，学会没有保留地接纳自己的身份、家庭和外貌，不要因为太矮、太黑、成绩不好、家庭经济状况不好等而过于敏感、郁郁寡欢。只有悦纳自我，才能更好地接纳他人。与此同时，要帮助学生增强自尊心和归属感，锻炼他们的社会交往能力，引导他们学会处理人际矛盾，结交有“正能量”的朋友，鼓励他们在交友中多奉献、多付出，而不是索取。

高中生对于自己的认识相对稳定，兴趣重新从关注自我调整为关注外部世界，喜欢交往，兴趣也更为广泛。这一时期“自我中心”倾向程度在逐渐减弱。这一时期的教育，重在培养更强的自我控制能力（如个人计划的执行、个人时间的管理），并进一步引导学生将对“自我”的兴趣扩展到对社会生活的兴趣，包括如何服务社会、树立个人志向、选择职业等。

三　培养儿童的两种思维能力

要帮助儿童和青少年克服“自我中心主义”，主要的教育方式和途径有：同伴交往、角色扮演、两难故事讨论、体验活动、移情训练和社会服务学习等，依据年龄特点从知、情、意、行各方面多管齐下。比如，两难故事讨论，主要是激发学生的认知冲突，认识到不同的人具有不同看法，别人的看法也不是没有道理；社会服务学习则主要是通过服务社会这种实践活动，了解社会规则，学习做人与做事。

不管是运用哪种方法，其努力的方向是一致的——要在他们身上培养两种思维能力：“同一性”思维和“旁观者”思维。

“同一性”思维，要求个人像对待自己一样对待他人，将他人看作另一个自我，认识到其他人也像我们自己及我们所爱的人一样有感觉、希望和痛苦。推己及人、设身处地、换位思考、“己所不欲，勿施于人”。当学生之间发生冲突甚至伤害的时候，教师可以引导实施错误行为的学生静下心来考虑一下：如果我被别人伤害（如叫外号），我会怎么办？我是否愿意被别人取外号？如果学生移情能力差，无法体会别人的受伤感觉，则可以通过角色扮演和情景模拟再现的方式帮助学生提高认识。例如，普通人无法想象“渐冻人症”患者的感受，但是参与“冰桶挑战”被冰水浇头那一瞬间体会到的麻木无力，可以使人短时体会这种感觉。在教育中也可营造情景帮助学生获得某种体验，如扮演盲人体验黑暗世界的感受，在玩“二十人二十一足”游戏中体会团队合作的重要性。

“旁观者”思维，要求个人能形成一种无偏私的“第三人”立场——从“旁观者”角度来看自己的生活，像对待他人一样对待和审视自己，“不敢有片刻时间忘掉公正的旁观者对他的行为和感情所做的评介”。[①]旁观者的立场要求反省自我，像批判他人那样批判自己。比如，我对某某同学做了某件事，如果不是我去做的，而是另外一个同学这样做的，我会如何评价他的行为？大家会如何评判他的行为？如果大家或我都是持批判态度的，那么我自己这样去做，也是错误的。这种旁观者的立场可能是父母立场或教师立场在学生心目中的内化，从“旁观者”第三人的视角来看待自己的行为，就会避免产生认为自己事事正确、能力高人一筹的“自私偏狭”。

总而言之，受过教育的人与没有受过教育的人的一个根本区别就在于：前者能更好地尊重他人、欣赏他人，更多地摆脱“自我利益中心”倾向的束缚，更好地迈向更为广阔的世界、历史与文化。

（程红艳，华中师范大学道德教育研究所副所长，

湖北省人文社科基地“湖北学校德育研究中心”副主任）

---

① 杜时忠，程红艳．“无德而富”与道德教育的根本性危机 [J]. 华东师范大学学报（教育科学版），2007(1): 20-27.

[illegible]

[illegible]

[illegible]

5

学生自卑心理比较强，怎么办

心理矫正：帮助学生扭转错误认知模式

从心理学角度破解学生自卑

教育学和心理学研究揭示，自卑心理是个体生理、能力、家庭、成长经历、个性、心理及未来发展等多种因素共同作用的结果。然而，据笔者观察，客观因素（生理、生活、社会、家庭环境等原因）确实是导致学生产生自卑心理的诱发因素，却不是决定性因素，所以我们经常看到：有的孩子出身贫寒、家庭不睦，却奋发向上，努力成就自我；有的孩子生活条件优越、父母爱护，却闷闷不乐，内向自闭；有的孩子成绩优异、师生关注，却内心自卑，不敢接受挑战；有的孩子成绩落后、不被注意，却敢于表现，在艺术或体育方面绽放光彩、自信阳光……。为什么会出现这样的现象？笔者认可认知心理学派的解释，即导致自卑心理最核心的原因在于个体消极与错误的认知机制，这种认知机制会扩大各种因素的负性效果，加剧个体自卑感的产生。

消极的认知模式

自卑感也就是个体在与他人比较时，意识到自己不如他人而视之为缺点并为之苦恼的情感体验。分析可知，同样的客观现实，通过不同的认知解读，会产生不同的情感及情绪体验，而内心自卑的人常常会自动陷入悲观消极的认知模式。

不合理的社会比较模式

作为社会中的人，个体的自我评价和成就动机，往往是在外界评价和与他人的比较中逐步形成的。据调查显示：高中生的自卑感分为生活自卑感、社交自卑感、学业自卑感等，其中学业自卑感贡献率达到 20% 以上。当前学校教育考试“唯分数论”的倾向依旧存在，优等生获得更多关注、表扬和机会，而成绩较差的学生则时常被批评、冷落和忽视。长此以往，他们觉得自己再怎么努力也超越不了优等生，便逐渐陷入“习得性无助”，然后自暴自弃。更有甚者，自卑者的内心总是“拿别人的优点”来对比“自己的缺点”，觉得自己“一样不如人，样样不如人”。不合理的社会比较认知模式，让学生忽视了自己的长处和优势，助长了“我不如人”的自卑心理。

偏差性的归因模式

归因理论认为，不同的归因模式会使人产生截然不同的情绪体验。自信的学生更多地把成功归因于内部的、稳定的因素，如自己的努力程度、能力和水平等。而自卑的学生则更多地把成功归因于外部的、偶然的因素，甚至认为成功只是运气，失败才是必然。这种消极的归因模式，导致他们产生更深的挫败感，进而自我贬损，更难以从成功中获得成就感以克服自卑感，于是逐渐形成自卑、内向、消极的行为模式。面对机会时主动放弃，面对挑战时逃避退缩，结果别人成功的喜悦和自己错失机会的遗憾又反过来强化了“我不如人”的认知。

自动化的消极认知模式

自动化的消极认知模式，是指那些时常出现于头脑中，不经逻辑推理便可自动产生消极想法的思维模式。它通常以认知曲解的方式显现出来，当个体遇到特定情境时，自动化思维就会被激活，形成消极的判断。心理学家马丁·塞利格曼（Martin Seligman）提出“3P”理论，解释陷入自卑心理和悲观情绪的人常有的自动化消极认知。

第一个“P”指的是自责（Personalization）：我们遭遇失败或不幸时，一个非常自然的反应就是责备自己。观察部分自卑的学生，他们往往性格内向，不善于沟通和疏导情绪，往往对自己所谓“不如人”的“缺点”非常自责，在内心反复琢磨，无法忘怀。

第二个“P”指的是永久化（Permanence）：人们常常高估生活打击对自己所产生负面影响的持续时间，也高估了缺点所产生的负面影响的强度。比如，有的学生遭遇了一些失败和挫折后就一蹶不振，仿佛他从此以后都会“一事无成”。其实，人生在不同的阶段会有不同的任务，前面一个阶段会影响后面一个阶段，却不能决定一生的成败。自卑的人，只看到今天是昨天的继续，却看不到明天还会到来的机遇与反转。

第三个“P”指的是普遍化（Pervasiveness）：自卑的人往往陷入“此不如人，彼亦不如人”的全方位悲伤自责中。比如，我有一名学生，连续几次考试不理想，她就在试卷分析上写道：“我的成绩是偶然的失误，还是必然的失败？”她的不自信让我惊讶，后来得知，她因讨厌化学老师而学不好化学，所以才弃理学文，现在她又不喜欢政治老师，很害怕会重蹈覆辙，会因此而学不好政治学科。这就是一种“普遍化”思维。

运用合理情绪疗法破解自卑

合理情绪疗法由美国临床心理学家阿尔伯特·艾利斯（Albert Ellis）创立，他在“ABC 理论模式”中解释“人们面对外界发生的负性事件时，为什么会产生消极的、不愉快的情绪体验”，人们常常认为罪魁祸首是外界的负性事件 A，但阿尔伯特·艾利斯认为，事件 A 本身并非引起情绪反应或行为后果 C 之原因，而人们对事件的不合理信念 B（看法或解释）才是真正的原因所在。因此要改善学生的自卑心理，就要对他们非理性观念的发生与存在进行劝导、干预，而代之以理性的观念。

客观的自我评价

自卑的学生往往在社会比较和别人的评价中，陷入“我总是不如人”的苦恼。比如我班饶同学，英语出类拔萃，体育比赛中担任排球队主攻，中文书写美观，但却在政史地考试失利后，产生了自卑心理。对这类学生，教师要善于发现学生的优点和特长，在相处中潜移默化地影响她的自评。此外，青春期的孩子更在乎同伴的评价，教师应营造相互尊重、互相欣赏、求同存异、和而不同的班级氛围，培养学生发现美、赞扬美的人文素养。

合适的自我期望

自卑的学生往往经受过挫败和打击，其内心敏感而脆弱，害怕参与社会竞争，逃避挑战。对此，教师要在学习和生活中帮助学生制定合适的目标。适宜的目标和自我期望，可以帮助学生获得小成功，有利于提高自信心。取得小成功之后再适当调整，制定更高的目标，争取第二次、第三次成功，成功的愉悦会逐步消除自卑的阴影。此外，学生的自我期望和人生目标也不必只看文化课成绩。比如，笔者曾带过一个男生，学习不专注，成绩很糟糕，课堂上时常发呆，课下闷闷不乐，但他喜欢听音乐、喜欢诵读，后来主修播音主持专业，考取了中国传媒大学，通过艺术方面的成就证明了自己的力量和价值，从此他整个人变得阳光自信，神采奕奕。

合理的自我关怀

自卑心理较重的学生时常把挫折和失败归结为自身不可改变的因素，失去继续尝试的信心，而乐观自信的人则能坚持干一件事，带来更多的成功，有利于良性循环。对此，美国得克萨斯大学的奈弗教授提出“自我关怀”（self-compassion ）理论，即，就是像对待自己的好朋友一样对待自己。我们看待朋友总是比看待自己更客观，评价朋友总是比评价自己更宽容。如果朋友犯了错误，我们一般不会把他骂得一无是处，反而会鼓励他，改正就好。因此，每次班会课，我总让学生换个角度给自己写三句话：这周你的收获是什么？这周你的不足是什么？如果你的好朋友写信给你，

他 / 她会对你说什么呢？合理的自我关怀就是要鼓励自己、接受自己、坦然面对错误。

自卑心理的产生是缓慢演化的过程，形成原因是多方面的，因此疏导学生自卑心理也是一个潜移默化的过程，是一个不断反复的过程，需要教师、家长、学校和同伴共同努力，耐心引导。

（刘苏红，湖北省襄阳市第五中学；王大伟，湖北省襄阳市第四中学）

自信培养：运用科学方法激发学生自我认同

“自信心训练”带来的转变

开学第一天，九年级班主任阳老师向我求助，班里的小杰不肯回校学习。我让家长带小杰来办公室。经了解得知，小杰上学期期末考试成绩不理想，在班里垫底，他认为自己“真没用”，怕同学笑话自己，自认不是读书的料，暑假期间拒绝完成作业，已经铁了心不读书，不管心急如焚的家长劝说、责骂还是苦苦哀求，都无法改变他的决定。

很显然，这是一例因学习上长期受挫导致自信心丧失的典型案例，设法让小杰确立自信是解决问题的关键。

改变认知，培养自信的起点

社会心理学研究发现，人和动物都有固定的行为模式，不打破固有平衡，人的思维和行为很难改变。小杰自信心丧失的过程也是自我负面形象不断建构的过程，在长期与老师、同学、家长互动的过程中，他逐渐确立了“我不好”“我不行”“我不是读书那块料”等负性认知。研究表明，转化自信心不足学生的起点是打破其内心平衡，改变他们不合理的认知，使其内心受到触动，此时，我们的教育才真正开始。

游戏体验，感知潜力无限

为了缓解小杰的紧张情绪，建立彼此之间的信任关系，我拿出事先准备好的水杯，请小杰帮我装一杯水，我强调让他一定要装满。他不知我葫芦里卖的什么药，但还是照做了。我把水杯放在茶几上，问他是不是装满了。他点头，我拿出“道具”吸管，从另外一个杯子里吸出满满一管水，问小杰：“你说我能把这管水加到你装的那杯水里吗？”他说：“不能。”我慢慢将水注入，水却没有溢出，他有些吃惊。

接着，我又变魔术般拿出一罐回形针，问他：“你猜我可以投几枚进去？”他低下头瞄了一眼水杯说：“一枚吧？”我拿出回形针，小心翼翼地向杯子里面投放，一枚、两枚、三枚……，等我投到第二十枚的时候，我问他：“你说还可以投几枚？”他摇头。我请他来投，他有点迟疑，我再次鼓励，他拿出一枚回形针，有些犹豫。我用坚定的语气对他说：“投！”他忐忑地投下第一枚、第二枚、第三枚……，投到第十枚的时候，他抬头看了我一眼，我点头让他继续。他屏住呼吸，继续往里面投，投完二十枚后，他再也不敢往里面投了，仿佛再投一枚，就会把这个有趣的实验给毁了。

看到他的迟疑，我告诉他，这是有名的“投针实验”，一般人投五十枚是没问题的，有人甚至投过两百多枚。他先是吃惊，继而沉思，我在电脑上搜索相关信息，让他查看，他若有所思地说：“真是想不到！”我说：“世界上很多事情都是我们想不到的，我们人类的潜能更是如此，小杰，你的潜力也是！”他点了点头。

榜样示范，培育自信因子

看到投针实验对小杰有所触动，我又不失时机地使出了第二招——“榜样示范法”。

我告诉他：“在我十年来收到的求助案例中，你的基础不是最差的。”我拿出我去年发表的一篇案例文章。案例中的小聪来求助时，历史只考了19分，经过三个多月的努力，中考时他历史考了85分，总分进步了200多分。中考成绩揭晓后，小聪喜极而泣，在收获学习进步的同时也收获了自信。小杰认真读完5000多字的文章，将信将疑，这都在我的“预料之中”。我把小聪三年学习成绩记录拿给小杰看，他有些不敢相信自己的眼睛，真的是三个月从19分到85分。他连忙问我小聪是怎么做到的，看来是有些“动心”了。我趁热打铁又给他看了十余名进步学生名单，他在浏览这些真实案例时，经历了疑惑、羡慕、沉思等情绪状态，内心平衡终于被打破。

归因训练，提升自信心

看到小杰封闭的内心被打开，自信的因子在生成，我顺势展开“归因训练”，这是改变认知的第三步。

我打印了一份他的成绩，问：“小杰，你是不是所有学科都差呢？”他说：“不是，我地理还不错，今年中考（地理是八年级时中考）我考了44分，在班里排前15名，老师还表扬我了呢！”我说：“是，我也觉得你地理不错，说明你的空间感不错，智力也不差，你能给我说说你是如何学好地理的吗？”他向我详细介绍他地理学习中绘制地图、刷题、向“学霸”和老师请教等妙招。我点头称是，然后接着问：“你地理能学得比较好，你认为主要原因是什么呢？是自己足够努力、能力不错还是运气好？”他毫不犹豫地说：“当然是我努力的结果。”我再次点头，接着又问：“你上学期成绩单上，语文成绩只有几分、数学只有二十几分，是努力不够还是能力不够呢？”他说：“当然是努力不够，考完生物、地理后，我想休息一下，但当时快期末考试了，我被妈妈‘教育了一番’，我当时就不太高兴，不想考试，在被逼去考试后故意不写考卷才考得那么差的。”我说：“明白了，只要你肯努力，成绩会慢慢提升的。”他说：“是。”

美国著名认知心理学家韦纳发展了归因理论，他认为归因就是人们对他人或对自己某种行为或倾向的原因分析、过程解释。他研究发现，人们会把自己的工作成败归结为能力、努力、难度和运气四种类型，当人把自己的成功归结为内部原因，如努力、能力等层面，就容易产生满足和自豪，尤其将事情成败解释为变量“努力”时，则可以增强自信，勇于践行。在小杰的“面质”中，我引导他进行科学归因，改变其认知，激发其动力，增强其自信，收到良好效果。

积累成功，培养自信的关键

心理学研究显示，自信心的建立是一个长期的过程，对于小杰这样自信心缺失的学生，改变认知仅仅是建立自信的起点，积累成功，让他在实践中不断达成目标，才能从量变到质变，逐步建立起“我能行”的自我认知，进而确立自信。

找准突破点，体验“我能行”

自信心缺失的孩子，在长期的学习中容易陷入“习得性无助”状态，学习动力不足，情绪经常处于倦怠、呆板、焦虑状态，有厌学和逃学倾向。有鉴于此，找准突破点，让小杰体验“我能行”就显得至关重要。学生个体生命的丰富性和多样性决定了教育方法的独特性和不确定性，只有对辅导对象进行精准分析，才能“对症下药”，定制个性化方案，从而让小杰走上恢复自信的大道。

我在综合分析小杰的情况后，决定从改善他的学习感受、提升他的学习成绩入手，以学法指导为抓手，用“历史”学科作为他恢复自信的“阶梯”。之所以采取这样的措施，主要是从以下几点考虑:（1）他的父母、老师和他自己对成绩有期待;（2）他的历史成绩较差，只有40多分，进步空间较大;（3）历史学科是我的专业之一，我有辅导的“独门秘籍”，成功概率高一点。当我就自己的计划向小杰征询意见时，他表示同意。

找准切入点后，我精心准备辅导方案，从历史文本阅读、历史解题指导、历史思维能力培养等几个角度展开，在辅导时，我注重分析其学习中的优点和障碍，根据他的知识背景和能力水平编制辅导方案，注重师生之间的沟通和及时反馈，尤其是每次辅导后的十分钟，及时小测和反馈，让他看见自己的进步，在改善其学习感受的同时，也让他的自信心不断强化，在提升其学习能力的同时，让他真切感到“我能行”。

积累成功，自证“我能行”

心理学研究表明，人的自信心是伴随着目标的不断达成而形成的，因此合理的目标对于小杰自信心的培养至关重要。合理的目标是老师与学生共同制定的，包含最低目标和理想目标两个层面，是学生通过努力有较大可能完成的目标。

针对小杰改变的意愿强但学习力不强的情况，我和他商量了历史课成绩和总分成绩的最低目标与理想目标，对小杰来说压力不大。经过四次学法指导和一个月的努力，第一次月考小杰“超额”完成任务，这极大地增强了他的自信心。然后，我们共同讨论了新的目标，小杰对此充满信心。

在帮助学生制定目标时，一定要根据情况不断调整，或提升、或持平，遵循就近发展区原则，切记不要因为目标过高而挫伤学生的积极性，也不能因为目标缺乏挑战性而影响学生的学习动力。当然，如果学生学习能力差、意愿不强，则考虑从行为习惯着手，当行为有所改善后，再用长板带动短板，达到转化和提升的目的，让学生逐步确立信心，不断强化后让他们自证“我能行”。当学生的学习或行为任一方面取得效果后，还要在另一方面跟进，只有学习和行为两个层面不断达成，才能将“小胜”积累为

“大胜”，并最终提升学生的自信心。

多元整合，强化“我能行”

教育是一个系统工程，学校、社会、家庭必须紧密联系，各学科老师也须相互协作、密切配合。要让小杰恢复自信心，单靠辅导老师、班主任或某一科老师显然是不够的，因此我在辅导小杰的过程中，也给班主任、任课老师一些建议，让他们清楚了解小杰目前的情况，拿捏好“严格要求”和“适度退让”之间的度。此外，我和小杰父母多次进行沟通，让他们知道努力方向，并发挥积极作用。我们为小杰搭建彼此信任的师生关系、团结友爱的同伴关系、亲密无间的亲子关系，让小杰在安全的支持性环境中“发力”，他不会担心自己在行为、学习等层面表现不佳遭到批评，这为他达成目标营造了积极的心理空间，实现了家庭、学校、师生等多方力量汇聚，让小杰走在自我强化的进程中，逐步确立自信心。

经过两个月的“自信心训练”，小杰从“我不是读书的料”的负性认知中走出来，再也没有出现辍学的想法，他对自己的能力、价值、目标和潜能等认知和体验有了明显转变，逐渐形成了“只要我努力我就可以进步”的积极归因模式，在不断达成阶段性目标的同时积累成功、收获自信，走在自信心不断强化的康庄大道上，我对他的未来充满信心。

（王德军，广东省湛江一中培才学校）

关怀激励：引导学生接纳自身不利条件

亮出你的右手

四年前，我发现所带班级有一个女生右手残缺。我主动打电话询问家长后才知道，在她七岁时，因不慎把右手伸进手摇式红薯藤切割机里，导致四根手指被割断。

观察发现：被切断的不只手指，还有自信

了解情况后，我给予了她更多关注，发现她坐在书桌前时，总是把残缺的手掌垂放在书桌下面，用整个身体遮挡得严严实实，前后左右都很难看到；放学离开教室时，她的右手总是习惯性地放在口袋里。我还想起来，有一次校园活动，参演者需要双手举起纸板变换图案，她请假没有参加。这种种迹象表明，她残缺的右手使她产生了逃避和自卑心理。

按照奥地利精神病学家阿尔弗雷德·阿德勒（Alfred Adler）的理论，所有人都会产生自卑感。自卑感就是当个体面对困难情境时，一种无法达成目标的无力感和无助感；对自己所具备的条件感到不满与失望，对自我存在的价值感到缺乏重要性；对所处环境缺乏安全感；对自己想做的事不敢肯定。他还说，自卑在一些人身上可以产生对成就的需求，而在另一些人身上，它会引起精神上的病症。

人一旦自卑时间久了，就会害怕别人笑话，自己看不起自己，不愿与人交往，顾影自怜、郁郁寡欢、情绪低落，而心理上这种不健康状态会使免疫系统功能下降，从而出现反应迟钝、失眠、记忆力减退等生理现象。我想，我必须想办法帮助她。

安慰鼓励：做心地善良、内心强大的女孩

考虑到自卑的学生往往性格也内向、缺乏自信，害怕别人的眼光，于是我选了一个傍晚，约她一起在操场散步。我关切地问她的家庭情况，与同学、舍友的相处情况以及学习上的困惑等。她回答得有些吞吞吐吐，但总算没有逃避或沉默。

待时机成熟后，我切入到她的右手这个敏感话题上。她边哭边说，我则边听边安慰。她说手指被切断那一刻，她痛得昏了过去，醒来时已经在医院接受包扎。之后她开始改用左手吃饭穿衣、打理日常生活、练习写字……，因此做事比别人慢很多，特别害怕别人异样的眼光。渐渐地便出现了强迫症状，在别人面前总要把残缺的右手掩藏起来。

我引用一些名言来劝慰她，如“见到盲人后，独眼的人才知道感谢上天”“别人看不起你并不可怕，可怕的是你自己看不起自己”等。我还告诉她，真正心地善良的人是不会去笑话别人的，身体和心理都健康固然最好，但“心灵美而身体有缺陷”的人要比“身体健全却内心邪恶”的人更受欢迎，以此鼓励她要做一个心地善良、内心强大的女孩。

同伴关爱：改善环境，寻找情感认同

阿德勒认为，改善自己所处的环境，才能有效脱离自卑感。于是，我背着女孩找到她的舍友，让她们不要排斥她，生活上多关心、帮助她。同时，为了让女孩感受到班里其他同学其实也有各自的困惑，获得一些情感上的认同，我与文宣委员策划了一节主题为“自省、自信、成人、成才”

的班会课。主持人首先引用伏尔泰的名言“使人疲惫的不是远处的高山，而是鞋子里的一粒沙子”作为开场白，用高山比喻目标，用鞋里的沙子比喻包袱，然后鼓励同学们上台讲讲自己的困惑。

作为班主任，我第一个上台，讲了小时候自己因为年龄比同班同学大四岁而出现的自卑情结，直到工作 5 年后这种自卑情结才得以解开。最好的医生是自己，最好的药物是时间，这句话在我身上应验了。其他学生也纷纷上台，有的谈到父母离异、缺少爱的家，有的被失眠症折磨，有的睡觉打呼噜，有的担心长不高，有的苦于某学科成绩不佳，等等。

当女孩上台时，我有点儿紧张，害怕会弄巧成拙。没想到，她竟能吐露心声，她说因右手残缺，她在日常生活和学习上的节奏都比较慢，但生活上经常得到舍友的帮助，学习上同学们很热心地帮她答题解惑，老班也经常找她谈心，非常感谢大家。话音刚落，文宣委员率先鼓掌，全班学生也跟着鼓掌。我能感觉到，这掌声中传达的是关爱和鼓励。

走出阴霾：以毒攻毒，引导学生珍惜生命

为了让女孩正视自己的缺陷，认识到自卑的危害，高一暑假时，我把阿德勒的书《自卑与超越》送给女孩阅读，让她写一篇读后感。以下节选她读后感中的一段：

对自卑者而言，补偿方式可以使原来的缺陷变为自己的优势。如古希腊名人狄摩西尼，原有口吃毛病，他口含一粒石子对着大海演讲，最终成为一名伟大的演说家。另一种补偿方式是承认自己的某种缺陷，发展自己的其他机能来弥补，如失明者发展其听觉、触觉，体弱者转向思想领域。我的补偿方式适合后者。我目前可以做的就是珍惜生命，积极乐观地生活学习，做一个内心强大的女生，考个好大学。如果遇到困惑，希望老班能给我打气。

此后，我经常主动找她出来聊天谈心，直到高考。与她聊天谈心过程中，我以分析成绩为辅，而以把脉诊断她的思想状态为主。对我来说，当学生心理出问题时，成绩是次要的，重要的是引导学生走出阴霾，远离自卑，自信地生活、学习。

高二和高三两届校运会，她都在女子1500米长跑中取得了年级第一名的好成绩。第二次站到领奖台上时，她伸出了右手，向我竖起大拇指，那一刻，我的眼睛湿润了。终于，她不再藏起右手，不再躲在人后，微笑着站在了阳光下。

（苏绍尚，广西壮族自治区河池市环江毛南族自治县高级中学）

家校合作：指导家长改变错误理念方法

自卑的班级“第一名”

很多人认为，只有成绩差的学生才会自卑，其实不然，优秀学生也会自卑，我班小霞就是这样一名学生。上初三之前，她一直位居班级第一名，但性格很孤僻，一般不和其他同学说话。进入初三后，她几次考试都不太理想，我很担心她的心理状态，就找她谈话，和她分析成绩，可她表现得很漠然。因为我初三才接这个班，觉得她不信任我也很正常，所以开始时也没在意。

初三下学期期中考试后，我再次把小霞叫来分析成绩，她还是那种不冷不热的态度，好像对学习毫不在乎。我说：“你这次成绩还可以，但是数学需要加强。”她却好像突然爆发了一样，说：“我就是个笨蛋，我数学一直就很差！我学不好数学的，我就是个傻子！”我说：“你怎么了？你成绩那么好，数学也不差，为什么这么说自己呀？”她冷笑着说：“我成绩好吗？我从来没觉得自己成绩好。我知道我脑袋笨，难题根本不会做。”说完，她突然伸手把墙上贴的她的优秀作品给撕了下来，然后快速冲进了教室。我看她情绪激动，就叫她到办公室冷静一下，哪知她突然说不读书了，马上就要收拾东西回家。事出突然，我只好叫她家长马上赶到学校。

小霞妈妈很快到了学校。我问她：“孩子为什么这么自卑，为什么数学会成为孩子的心理障碍？”她告诉我，从小到大，她爸爸对她的要求一直都很严格，不让她出去玩儿，不准看电视，不准玩手机，一天到晚就只让她做作业。只要哪次考试成绩不如他的意，或者哪一科分数不够高——特别是数学，她爸爸就会骂她太贪玩儿、不够仔细，说她脑子有问题，学不好了。小霞爸爸一直这样对她进行负面的心理强化，导致小霞一直很自卑，认为自己数学成绩很差，脑袋很笨。这种长期的否定，导致小霞性格内向、胆小，不善与别人交流，甚至越来越孤僻执拗。进入初三，理科难度加大，小霞想用网络搜索解题思路，她爸爸坚决不允许，所以小霞做作业经常做到晚上两三点钟。面对一道数学难题，她有时会一边流泪一边思考，一道题要做两三个小时，她感到自己好像面对着一座座大山，无能为力。可以想象，经历过无数次类似的心理煎熬后，小霞对数学的心理障碍有多严重。

听了小霞妈妈的叙述，我明白了小霞自卑心理产生的原因。我曾经看到过专门分析学生自卑心理的文章，认为一般导致孩子自卑的家庭因素主要有四个：家长过于强势；家长总是打击孩子；家庭暴力；家里过度节俭。而小霞的家庭情况真的很符合这些特点，她的父亲太强势，总是打击她，总把她的短处和别人的长处比，老揭她的短处。

我和小霞妈妈分析这些家庭因素，她很认同，同时还告诉我，他们对小霞期望很高。她爸爸确实很强势，不听劝，总是指责孩子的不足。因为这些原因，他们夫妻之间经常吵架。小霞爸爸对她长期的严厉管教以及不恰当的要求，导致了小霞一次次的自我否定，让她陷入了自责、不自信，加强了她的自卑心理。她的学习成绩完全是他父亲给逼出来的，学习过程没有任何乐趣，甚至她的整个生活都没有乐趣。她对自我的能力是否定的，这让她面对任何事情都很自卑。

了解这些情况后，我知道该怎么办了。我鼓励小霞说：“其实你很优秀的。你想，你长期排在班级第一、二名，年级前十名，是老师和同学夸奖、羡慕的对象。你的数学确实不是最好的，但也排在班级前列，谁说你的数学差？谁敢说你笨？老师们经常夸奖你呢，说你文静、自信、做事仔细，交给你的事情总是做得很好。你的文艺能力强，画画好，成绩好，性格也好，简直就是一个完美学生呢！”听了我的话，小霞不再那么疏远我了。后来我多次找机会安慰、鼓励她，把科任老师对她的夸奖和期望及时反馈给她，让她知道老师们对她的欣赏和肯定，不断增强她的自信。

但小霞自卑的根源在于她爸爸，我必须和她爸爸深入沟通，让他认识到事情的严重性并做出改变才行。我先通过 QQ 和小霞爸爸聊她的事情。我告诉他小霞有多么优秀，有多么懂事，又谈到教育学生的烦恼，感慨他把孩子培养得这么优秀是多么不容易。这引起了他的共鸣，说自己教育孩子花了多大的心血，说自己对孩子有多么高的期望，还说了很多关于孩子及家庭的细节。我趁机告诉他，小霞最近很不快乐，很自卑，在学校出现了比较严重的状况。他听了，很紧张，不停问我怎么回事，该怎么办。我告诉他事情的详细经过，并从心理学角度给他分析小霞自卑的原因，用我的教育经验和他进行真诚的交流。

小霞爸爸听后，说：“我以为对孩子严格要求，希望她不放松学习，就是对她好。看来我的方法错了，我以后要改变一些才行。”我说：“孩子要管，但是该怎么管，还要看孩子的特点。小霞听话、懂事，做事认真努力。面对这种孩子，就应该多放手，多尊重她，给她自主权，还要看到她的长处，看到她的进步，多鼓励她。特别是数学，您应该多肯定她，想办法多帮助她，让她对数学产生兴趣和信心，这样她才会更开朗，更自信。我们大人尽量不要把自己的意愿强加到孩子身上，特别是青春期的孩子。”她爸爸听了之后，不停地说“好”，并承诺一定会改变对小霞的教育方法。

之后，小霞爸爸果然改变了教育方式，小霞一天天快乐起来，慢慢地不再那么自卑，越来越自信了。今年中考，小霞以优异的成绩考上了本地最好的高中。

（鲁强，四川省成都市龙泉中学校）

化解学生自卑心理的“四步”策略

适当的自卑感有利于个体发现自己的不足，追求上进，实现自我超越，而持续严重的自卑感则有害身心健康，影响个体的学习和生活等各方面，甚至会导致抑郁、厌学、厌世等严重后果。如果一个班级有比较浓厚的自卑情绪，则会出现群体性的厌学、逆反、涣散、迷茫状态，班级管理难度加大，教育目标难以实现。所以，班主任在班级管理中，要从个体和集体两个维度采取积极措施，减轻学生的自卑程度及其消极影响，播撒自信的阳光。

靠近：探析学生自卑的原因

教师面对比较自卑的学生，首先要主动“靠近”他们，在不伤害他们的前提下了解他们自卑的原因——是先天生理缺陷或后天意外致残，还是家庭经济原因或教育方式不当？是学校教育偏差导致的，还是身高、胖瘦、外貌等引起的？是因为某方面技能不如别人，还是性格内向导致人际交往能力不足而导致的？如果是班集体产生自卑，则要分析是个体对集体的影响还是班级凝聚力不足，是负面标签的暗示作用还是班级在重要比赛或活动中屡次失利，这些都会导致集体产生自卑感。了解了原因，我们才能对症下药，否则，我们的教育必定是隔靴搔痒的。

认可：积极心理的起点

自卑的孩子在班级的表现也各不相同，有的乖巧顺从，有的沉默寡言，有的厌学逆反，也有的哗众取宠。只要善于观察总结，班主任都不难发现其内心的自卑情结。对自卑的学生，我们首先要走进其内心，了解他们自卑的原因，认可他们所表现出来的现状，理解他们所面临的困难和苦恼，让他们感受到老师的善意和对他们某一方面的欣赏。理解和认可虽然不能让他们立刻变得自信，但能够让他们感到心理上的满足，即“感觉好受点”，从而获得积极的心理态度，这是转变自卑孩子的第一步，这种做法被称为“共鸣性理解”。

激励：克服自卑的动力

“第一印象效应”表明：第一次交往中给人留下的印象，在对方的头脑中形成并占据着主导地位。班主任若想激励学生、帮助学生克服自卑心理，就应当从“初始”阶段做起，因为无论个体还是集体，进入一个新的环境或阶段时，往往都会有改变不足、做全新的自己的美好愿望。一个学段的起点、一个学期的开始，甚至每一次考试结束之后，都是学生树立自信心的“初始”阶段。在心理学中，无论“标签效应”“角色效应”还是“皮格马利翁效应”“霍桑效应”都告诉我们，对孩子进行积极的心理暗示，会让孩子产生积极的行为举动。班主任需要营造积极的心理氛围，给所有学生搭建发挥各自特长的舞台，及时肯定、鼓励他们好的方面，如此才能让自卑者不再受到自卑的伤害，让缺乏关注者得到应有的关注，让成功者发挥积极的带领作用。

协助：实现超越的阶梯

美国心理学家塞利格曼认为，当个体接连不断受到挫折时，会感到自己对一切都无能为力，因此丧失信心，陷入一种无助的心理状态，这种状态就是习得性无助。这时就需要其他人创设成功的条件，帮助个体走出习得性无助的困境。当学生个体或者班集体努力后仍无法实现目标时，往往会感到沮丧，甚至一蹶不振，此时班主任就必须“该出手时就出手”，甘愿做学生成功的阶梯，协助学生或者班级实现某个目标，从而增强自信心，激发他们继续探索和上进的热情。比如，当班级在某项评比或活动中一再失利时，班主任就不能只是指责学生不努力，而要想办法加强监督、强化教育，甚至指导、协助学生完成一些工作，增加成功概率。一旦获得大家期盼已久的成功，全班每个人都会感觉扬眉吐气，这样不仅能增加集体的自信，还能增强班级凝聚力，反之就有可能使整个班级陷入自卑的泥淖，最终影响班风、学风。

无论面对学生个人还是班集体的自卑心理，班主任都要在了解问题产生原因的基础上，认可、理解学生可能存在的糟糕现状，赢得学生的信任，走进学生内心，采取多种方法激励他们，在适当的时候还要助其一臂之力。如此，学生的自卑心理将不再是一个无法逾越的教育障碍。

（冯专，重庆西藏中学校）

从“雾霾蓝”走向“曙光橙”

——积极疏导助学生走出自卑心理

什么是自卑心理？自卑心理产生的原因及其外在行为表现是什么？如何降低或消除自卑心理给学生带来的负面影响？

自卑是个体对自我能力或态度等方面的消极评价或消极自我意识，以及由此带来的拒绝自我的情感体验。自卑心理产生的原因是在某种情境下，个体的能力、态度等遭到别人的否定或指摘，或是自己不能正确评估自己的能力而产生的一种消极心理。① 自卑是人类社会普遍存在的心理现象，感到“技不如人”是大部分人都有过的心理体验，但是自卑对青少年学生造成的伤害要重于成人。他们有的表现出轻视自己，认为自己无论如何都无法赶上别人；② 有的因为一个方面的不足而全面否定自己……。自卑心理带来的负面情绪得不到控制，对学业乃至心理健康都会产生不良影响。

自卑心理可以被干预。青少年时期是重要的自我认知、自我定义的时期，青少年渴望被成人肯定或被同龄人接受。尤其是小学阶段，学生对自我“聪明才智”“自尊”和“自爱”等方面的评价，都需要在成人的认可下形成，并且在成人的帮助和肯定下得以巩固。教师和家长的正确引导、鼓励、肯定和扶持，都有可能帮助学生走出心理阴影，走进灿烂的阳光，形成积极、乐观和自信的心态。

---

① 李艺敏，孔克勤．国内自卑研究综述 [J]. 心理研究，2010,3(6)：21-28.

② 李艺敏．我为什么不如他 [D]. 上海：华东师范大学，2008.

一 观察行为，描述表现，分析心理状态

自卑心理人皆有之，程度过强则有损身心健康。通过细心观察，及时发现问题，有的放矢地帮助学生改善心理状态，有助于提升他们的学习和生活质量。学生存在自卑心理反应出的行为表现大致可以分为四类。

1. 孤僻懦弱型[①②]

一般来说，学生都喜欢和同龄人交往，有三五好友或几个知己玩伴。“同伴依恋是青少年时期的一项重要的发展任务”[③]，良好的依恋关系可以帮助学生舒缓情绪，促进其社会性发展。有强烈自卑情绪的学生，往往表现为沉默寡言、独来独往，不和同伴融合；或者在群体中谨小慎微，不发表意见或不参与活动，极其在意别人的评价。在课堂上，他们极少发言，即使在能力范围之内，也鲜有参与，最终成为躲在角落里受伤的“小鸟”，或是淹没在大海中自卑、孤独的“小鱼”。

2. 易怒暴躁型

有的学生经常因为无足轻重的小事而激动、暴躁，咄咄逼人的样子像立起了全身刺的刺猬，随时准备给他的“假想敌”以颜色。他们暴怒的“点”很特殊，在别人看来可能微不足道的事情就能够激怒他们。

3. 丧失信心型

这种自卑常常是因为自认为在某些方面不如别人，并且认定自己没有

---

① 周荣伟 . 高中学生自卑心理表现及其对策 [J]. 中小学教学研究 , 2003(6)：54-55.

② 李晓东 . 让每朵花都散发芬芳：小学生自卑心理探析 [J]. 中小学心理健康教育 , 2012(15)：36-37.

③ 钟歆 , 刘聚红 , 陈旭 . 青少年同伴依恋：基于发展的视角 [J]. 心理科学进展 , 2014, 22(7)：1149-1158.

可能改变现状，从而逃避或消极应对。轻者表现为在群体中不敢发表观点，人云亦云，以期自我保护；或是在重大考试临近前因过度紧张而“生病”，找各种理由逃避，这通常是因为对自己的学习能力丧失了信心，认为自己一定会失败。重者表现为自暴自弃，甚至出现极端行为，如逃学、自残、沉迷网络游戏等。

4. 狂妄自大型

这种类型的学生往往表现出对失败毫不在意，甚至用心理补偿的方法麻痹自己。比如有的学生称自己幼儿园智商测试 160 分以上而以“聪明”自居，自认为现在的成绩差只是不屑于努力；有的学生常提起自己某次考试全区排名前十，宣称只要自己稍微努力，就能扶摇直上；更有甚者，妒忌、诋毁优秀的同伴。上述表现的深层心理原因是学生对现在的自己缺乏自信，不能够正确地判断现有的能力水平，不能够接受或正视自己的现状。

每个学生都是独立的个体，其自卑或缺乏自信的表现有共性也有个性。这就需要教师和家长留心观察，记录学生日常的行为表现，通过深入分析“学生日志”，科学判定学生自卑的真实原因，根据不同类型提供有针对性的帮助，真正促进问题的解决。

 了解背景，确定症结，科学探究根源

自卑心理的成因大致可以归结为以下几个方面。①

1. 体态外貌

有些学生身材矮小，有些体态不尽如人意，或是身有残疾……，体态外貌上的不如意大多是先天所致，通过努力无法改变，或是短期内不能改变。心理健康的学生能够自我建设、合理化解，将精力和热情投入其他方

① 李艺敏 . 我为什么不如他 [D]. 上海：华东师范大学，2008.

面，帮助自己在其他领域建立自信；心理不够强大的学生则容易陷入不良情绪，感到绝望痛苦，对学习和生活提不起兴趣，因为外貌而否定自己其他方面的能力和优势。

2. 家庭因素

我们无法选择自己的家庭和出身。有些学生不能正视家庭的贫困，认为贫困“没有面子”，甚至因为不能正视贫困走向犯罪道路，如“上海少女援交案”[①]。有些学生拒绝领取特困生救助金，只是因为不想在填报信息的时候被别人发现。国外有研究发现，父母双方或一方因犯罪入狱，他们的子女往往容易产生强烈的自卑感。[②] 单亲家庭，或是父母常年在外打工，由祖父母或其他长辈照顾的儿童，也会因为缺乏父母双方的关爱而产生被抛弃或是不被重视的强烈的自卑心理。[③] 在急需被肯定、被鼓励、被赏识的年龄，得不到应有的关爱和温暖，同时承受着偏见或舆论的伤害，保有健康的心理就比较困难。

源自家庭因素的自卑，很难自我矫正，需要成人的引导和鼓励。要让学生相信——人不能选择出身，但是可以选择美好的将来；他们暂时缺少爱，但是他们很可爱，值得被呵护、被关爱。

3. 社交困难

交际困难、交谈困难等，也容易引起青少年的自卑心理。[④] 小学生在社交困难方面表现出来的自卑心理并不明显，进入青春期后，这一问题才逐渐凸显，因为学生开始关注这方面的能力，从而产生“与别人相比，

---

① 李永升，叶静．未成年女性性犯罪的原因及其防治：以“上海少女援交案”为例 [J]. 海峡法学，2012, 14(2)：57-63.

② Irizarry, Raible. “A Hidden Part of Me”: Latino/a Students, Silencing, and the Epidermalization of Inferiority[J]. Routledge Equity & Excellence in Education, 2014, 47(4), 430-444.

③ 黄国乐．农村留守儿童自卑心理初探 [J]. 新课程（小学）, 2018(7)：1.

④ 宁丽，王利刚，高文斌．网瘾青少年的自尊与其人际关系、应对方式的关系研究 [J]. 中国药物依赖性杂志，2014, 23(2)：139-143.

我……”的自我价值判断。有研究表明，来自农村的学生或自认为来自小城市、“小地方”的学生，在社交方面比来自大城市的学生面临更大的困难。学生有限的见识水平导致他们不能很好地完成自我“镜像”反映。同样，因社交困难而产生自卑心理的学生，需要成人引导，帮助他们认识到社交困难可以通过自我训练来克服，视野的狭窄能够借助阅读来拓展，从而帮助他们找到“破局”的路径。

4. 学业成绩

有些学生因为成绩不好而被归类，或是主动将自己归于“差生”一类。有些成绩优异的学生，因为某一学科没有绝对优势可能陷入自卑之中。这种自卑心理源自学生自我评估的标准过于单一。多元智能理论认为人有八种以上的智能，不同的人具有不同的智能优势，各种智能要素的发育并不均衡。多元智能理论为教师和家长提供了理论工具，为帮助学生建立自信提供了突破口。教师和家长都能够从多元智能的视角分析学生，就容易发现不同学生的个性特长，帮助学生看到自身的优势，进而降低学业成绩的负面影响。

三 积极疏导，解决问题，提供真实帮助

每个孩子都值得欣赏，通过一定的策略，帮助学生建立正确的自我认知，引领学生在积极的心理状态中走向未来的生活，是教育的重要目标之一。面对学生的自卑心理，我们需要关注以下三个方面。

1. 了解自己，正视自己

一名青春期的男生处于对“性”极度渴望的“危险期”，因此陷入自卑。老师告诉他：“我也年轻过，我懂你所有的感受，那些想法不是罪恶，也不代表你是坏人，它只是说明你要长大了。”这番话帮助学生认识到这种渴望是青春期的正常表现，帮助他走出了罪恶感，走向阳光下的美好生活。

每个人与生俱来就拥有八种以上既各自独立又相互联系的智能，这些智能受人生经历、文化背景和社会环境的影响，要高于受遗传因素的影响。“创新能力”“解决实际问题的能力”是多元智能理论对人类智力判断的主要标准。[①] 任何一个方面的不足，无论是自身的还是外界的，都不能否定或打败一个人，因为我们的智能是多元的，我们能力的形成受很多外在因素的影响。如果学生能够了解自己的优势智能和劣势智能，能够在学习生活中努力发挥智能优势，正视劣势智能的存在，就有了更为强大的精神力量，能够更好地自我调控。

2. 积极暗示，建立自信

一位女博士，经常面对来自母亲的言语暴力：“你考第一，就是瞎猫碰上死耗子！”“你就是家里的寄生虫，不上进，只知道啃老！”“你考上博士，就是导师脑袋一时发蒙！”“你找到工作，一定是面试的人有问题！”“你这着装品位，简直就是丐帮的风格！”……但这些话并没有打倒她，因为她坚信——母亲说得不对。她热爱阅读，在书籍里找到了评价标准，这些标准帮助她“抵制”母亲的嘲讽。但不是所有学生都有这样强大的力量，青少年依赖外界，尤其是家长、老师的肯定与支持，因此我们可以帮助学生正确地认识自己、肯定自己，发掘自己的潜力，赏识自己的优势。

调派资源，唤醒自信。经典电影《向幸福出发》，让无数人走出心理的阴霾，并相信努力总能让未来有起色……。丰富的知识、广博的见识和不懈的努力，足以让处在不利环境中的孩子内心闪闪发光。可以利用多种资源，如阅读书籍、观看影视作品、学习积极向上的明星偶像、参加各式各样的活动等，调动学生的积极性，激发学生的内在力量源泉。在恰当的引导下，帮助学生正视无法改变的东西，用改变自我的方式改变自己的内心世界。

---

① 沈致隆．多元智能理论的产生、发展和前景初探 [J]. 江苏教育研究，2009(9)：17-26.

共同阅读，汲取力量。和学生共读一本书，分享阅读心得，建立自信。经典书籍中蕴含着丰富的智慧和积极奋进的精神力量。师生共读，定期分享，既能增进信任感，也能使师生一起从作品中汲取精神力量：从简·爱身上获得勇敢与坚定的智慧，被约翰·克利斯朵夫激励，从《穆斯林的葬礼》中汲取奋进的动力……。我们无法选择相貌、出身等，但可以选择变成自己向往的美好的样子，像书中的人物那样，内心富足、精神高尚，充满人格魅力。

组织活动，展现优长。组织班级朗诵活动、绘画手工比赛、歌唱比赛、写字比赛、背诗比赛、围棋比赛、魔方比赛、轮滑比赛等，让活动成为展现多角色、多分工、多责任主体的载体。组织活动的目的，是为更多的学生搭建展现自我的舞台，赋予自认为是“丑小鸭”的学生以责任，帮助他排演或演练，为他出色完成任务提供全方位支持。如组织写字比赛，提前通知，积极督促和指导，在积极努力准备的前提下为自卑的学生创造脱颖而出的机会。家境特殊的学生，有可能因为歌唱而找到自信，长相平凡的孩子有可能因背诵数十首诗词而大放异彩。要观察有自卑情绪的孩子，发掘他们的优势，帮助他们了解自己的优势智能。用活动让学生获得成就感，在活动过程中用策略鼓励学生胆怯的心，让他们肯定自我，而后获得自信。

3. 挫折教育，塑造品格

挫败容易让人丧失自信，但是如果正视它，并从中获得力量，就能够塑造坚韧的品格。我们不提倡营造挫折的情境，但主张在学生面对挫折时用合理的方式帮助他们形成应对挫折的能力。一位高三女生因为脸上突发白癜风而情绪低落，班主任跟她谈话：“这个病是有可能治愈的，等你高考完，我推荐一位医生给你……。另外，你可以考虑选择学医，将来也能帮助那些处在困境中的人。”这番话的立足点非常合理，一是解决现在的自己的问题，二是解决未来的他人的问题。面对挫折，积极寻找出路是最好的选择。换言之，挫折教育在某种程度上就是帮助学生找到心理重建的路径与策略，引领学生建立愿景，相信自己，相信未来，相信一切都会因努力而变得美好。

每个学生都值得赏识。内心美好的蓝天被灰色的雾霾遮住，生命会变得暗淡无光。我们要让学生相信：达到一定的人生高度，蔚蓝的天永远在浮尘之上；年轻的生命应该相信未来可期，应该确信总能找到通往美好的道路。期待在我们的帮助下，自卑的学生能够走出“雾霾蓝”，走向“曙光橙”，点亮自己的人生。

（吴欣歆，北京师范大学研究员；赵彤云，北京云舒写教育科技有限公司）

6

学生嫉妒心较强，怎么办

客观认识，准确判断

图说嫉妒

怡和娟是形影不离的好朋友，同窗已八年，平时两人的成绩总是不相上下。期中考试后，怡发现娟不理自己了，感到很郁闷；后来的几天更离谱，娟把怡的学习辅导书撕了，还在背后说怡的成绩是抄的。怡很难过，求助于老师。老师说，娟这是嫉妒你了，得想办法解决。

“嫉妒是与他人比较，发现自己在才能、名誉、地位或境遇等方面不如别人而产生的一种由羞愧、愤怒、怨恨等组成的复杂情绪状态。”这是著名心理学家朱智贤的解释。其实，不仅人与人之间有嫉妒，据观察，动物之间也有嫉妒，家中有两只小狗，一只受关照多些，另一只就会经常去咬它。嫉妒也产生在家庭成员之间、社会阶层之间、职业之间、族群之间、国家之间。

嫉妒是个奇妙的东西，人人都有，程度不同，表现不同。嫉妒怎样产生、怎样发展、怎样结束，从下面的“嫉妒心理动态平衡图”中可大致了解。

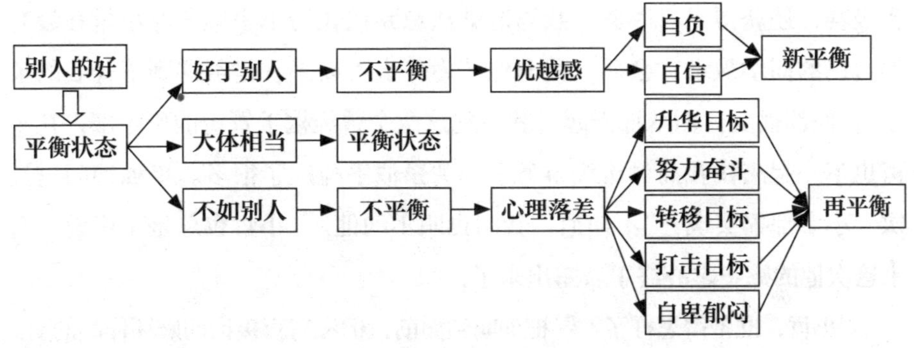

嫉妒心理动态平衡图

如上述例子中的怡和娟，成绩差不多，平时大家相安无事，这是平衡状态。一考试，名次出来了，一个人比另一个人高几分，立即进入不平衡状态，心理落差产生，分数低的不乐意了，嫉妒就产生了。

（陶丰满，湖北省枣阳市鹿头镇吉河小学）

改变认知：把嫉妒的危害告诉学生

别在嫉妒中荒废生命

又一届科技大赛开始了，孩子们正在忙碌地准备着。校级比赛即将开始，被学校寄予厚望的小宇拿着一件破损的作品来找我：“老师，我的作品被小哲压坏了。他说他不得奖，我也休想！”

听到这话，我想起一年前的比赛。校赛时，两人都获得一等奖，一同参加市级赛，但小哲只获得三等奖，没能参加省级赛，而小宇不仅进入省级赛，还获得了二等奖。我当时就注意到校长为小宇颁奖时小哲并没有为自己的同学鼓掌。会后，我问他“为什么不高兴，是否遇到不开心的事了”，他都摇头。但从那天起，我发现这两个曾经携手管班的班干部，几乎再也不一起来找我商讨班级事务了，关系似乎疏远了很多。单独询问过几次，小宇都摇头说：“不知道，我叫也叫不动他。”小哲也总是不愿说。看来这次他的嫉妒之心终于表露出来了！

“小哲，准备得怎样了？”把他叫到面前，但没有直接询问破坏作品的事。

“不想参加了。”他一副与我无关的神态。

“为什么？上次不是都得市级大奖了吗？”

“那算什么？比人家差远了。”一副嗤之以鼻的表情。

“‘人家’是谁呀？是国家金奖得主？还是世界大奖得主？”我明知故问。

“那些都离我千万里，与我不相干。”

“噢，那就是天天见面的小宇了？”我直言不讳，他默不作声。

“与他相比，你失败了；但与国家奖得主相比，他也失败了。今年你想放弃，但是他没有。他还想‘参战’，因为他对比自己优胜的选手心存羡慕的同时，还准备去战胜他们！相信终有一天，他会成为最后的胜利者！可你，放弃意味着什么？是更多、更深的怨恨。也许，今年又会有新的获胜者，如果他（她）也曾是你的知心伙伴，你该怎么办？又对这个朋友萌生嫉恨之心而放弃深情厚谊？共同参赛，获胜者可能会成为你的‘敌人’；放弃参赛，也许所有参赛者就都不再是你的朋友了，对吗？几年以后的你，身边还会有谁？”我的声音不自觉地提高。

他的回应还是沉默，不过，他已抬起头来看我了。

“再看看你的学习，与小宇合作时你们的成绩相差多少？很多时候都是你比他高！可现在呢？你们争先恐后时，咱们班也遥遥领先，你们两人在同学们心中都有很高威信。你看看现在，同学们对你是什么态度？怨恨让你失去了朋友，放松了学业，失去了威信，如果再这样下去，你的路只能越走越窄呀！”说完，我语重心长地拍了拍他的肩。

“老师……”

“现在决定还来得及！自己完成作品时间有点紧张，和小宇一起，把他的作品重新修整、改造完成怎么样？”

“他会同意吗？”

“我早就问过了，他同意——他是一位难得的好朋友。一路携手，相信你们都会取得更大的进步，实现自己的梦想！”

作品修整完成了，而且有了新的创意，署上的是两人的名字。

嫉妒常常是为了寻找暂时的心理平衡，很多孩子没有意识到它对自己的长远危害。从实际出发，以正确的方式引导孩子看清嫉妒背后隐藏的恶果，并为其提供将怨恨转化为合作的台阶，“对立仇敌”就会转变成携手伙伴。

（李娟，山东省高密市第二实验小学）

调整心态：把嫉妒变成真诚的赞赏

面对嫉妒——不急躁，不说教

上高中时，我和小暇既是同学又是好友，并且都是学校文艺骨干。但在一次争夺区“艺术小人才”独唱比赛名额时，我以0.5分之差败给小暇，心里便产生了一丝不快。后来，随着多种校园文化活动的展开，我俩的竞争更趋激烈，我不再如从前一般推心置腹地对待她。每次检测后，我都暗暗留意小瑕的分数，只要她在我之上，我就闷闷不乐。

所幸，我遇到了一位好班主任——杨老师。对此，他洞若观火，却不动声色。

又一次作文竞赛，小暇获胜，我心里郁闷难消。杨老师在我日记本里留言鼓励：“你的文字清丽娟秀，语句凝练优美，思想独到深刻，这些都让人过目难忘。胜败由综合因素决定，乃兵家常事，平静客观地看待胜败，机会多的是，相信你将更出色！”一次，气温骤降，同学衣物不够，我把毛衣借给她们穿，杨老师知道了，对同学说：“这女孩心地真好！”课下，他无意间发现我正在整理课堂笔记，翻看后说：“没想到你的笔记也这么有条理！”诸如此类的肯定还有很多，不仅中肯而且及时，又那么自然无痕。

起初，我心里还是对小暇的优秀耿耿于怀。时间长了，我渐渐体会到，杨老师在密切关注着我。对于我的点滴成长，杨老师及其他科任老师都及时鼓励。杨老师对我不仅是扬善于公堂，还规过于私室，他的批评指点婉转而自然，丝毫不让我尴尬难堪。杨老师的做法既令我感激，又让我自信：原来我还有这么多的优点呢！我怎么就老盯着小瑕的长处而迷失了自我呢?

杨老师很受学生的喜爱与尊敬，不仅因为他气质儒雅、性格阳光、敬业专注，更因为他才华横溢。能够得到杨老师的关注与赞赏，我心里满满都是喜悦。渐渐地，我不再那么留意小瑕了，而是把心思、时间花在了阅读、锻炼、课外活动等有意义的事情上。一个周末的早晨，我还未起床，小瑕用自己的饭卡买回一份丰盛的早餐，为我庆祝生日，令我既感动又惭愧。在宽容、合作、融洽的班级氛围中，我与小瑕又开始心灵相通了。

高考录取通知书下来，我俩都考上了理想的大学。

如今，我也从教近十年，与小瑕的友情依旧绵延清甜。在遇到嫉妒心较强的学生时，我也学着杨老师，不急躁，不说教，慢慢走近学生，进行深入具体的分析：学生的心理问题是什么？如何让学生全面客观地认识自己，认可差距的同时赏识自我的长处，挖掘其内在潜力？从何处突破可以为其重建良好的心态，让其体验成功，重拾自信?

（饶玉平，湖北省武汉市新洲区邾城二中）

案例

鲜花送给跑在前面的她

学习班长小楠一脸沮丧地来办公室找我，说：“学习班长，我……我不当了！”看着她红肿的双眼、带泪的两颊，我暗暗一惊：“怎么了？出什么事了吗？”原来，在这次月考中，她考了班级第一，刷新了她上中学以来的个人最好成绩。想不到，班里有同学却因此对她冷淡，偶尔还用鄙夷的眼光看着她。身为学习班长的她督促、指导班内同学学习时，一些学生表情倨傲，爱搭不理，甚至阴阳怪气地说：“唉，好好学吧，看什么时候我们也能抄个第一！”

以我对小楠的了解，她的第一是实至名归，并不存在抄袭现象。其实，在此之前，我也发现起哄、嫉妒、中伤似乎已成为班里学生之间的一种交往方式，渐渐失去了原来的和谐与纯真。小楠反映的这件事更让我感到事态严峻，深觉我的学生恐怕已患上严重的“红眼病”。为避免“病情”在班里快速蔓染，及时化解学生的嫉妒心，经思考，我决定在班里展开一次大讨论。

那天班会课上，我首先讲述了我女儿的故事：

女儿参加1500米体育项目选拔考试，距终点仅300米时，紧追其后的一个女孩，好像已经力不从心，跑着跑着，突然伸出脚故意绊了女儿一下，女儿重重摔倒在地上，膝盖流出鲜血。而那个女孩从女儿身旁跑过，却带着一脸不屑。后来女儿爬起来，一瘸一拐地走到了终点。

最终，女儿落选了，那个女孩因为恶意犯规也落选了。女儿虽然委屈，但很坚强，在家休养了整整一个假期后，以优异的文化课成绩被她理想的学校录取。

教室里静悄悄的，学生们全神贯注地听着，他们都被女儿的故事感动了，都对那个女孩的行为表示痛恨。我见时机已到，便开始向学生提问："如何看待故事中那个绊倒别人的女孩？如果你是那女孩，应该怎样做？"

问题一出，引起学生们激烈的讨论。其中班长的话引起了大家的共鸣，他说："在生活中，一个人面对别人的进步，常有两种反应：一种是老师故事中那个绊人女孩的反应；另一种反应是，当别人跑在前面时，他奋起直追，赶上或超过别人。前者是嫉妒、没有出息，是懦弱的表现；而后者是真正自强的表现，因为他把别人的进步当作自己奋斗的动力，通过竞争提高自己。对跑在我们前面的人，我们怎能伤害他？是他给我们动力、自信！他才是我们最应该敬慕、感恩的人！如果有鲜花，理当献给他啊！"

同学的评论、班长的讲话，字字句句掷地有声，发人深省。在大家热烈的掌声中，有人真诚表达了对小楠的歉意，立志以她为榜样，努力学习。

一次班会不可能彻底解决问题，但有了这良好的开头后，我又采取了一系列措施，引导学生学会欣赏跑在前面的人，将嫉妒变成真诚的赞赏，将愤恨变成奋起直追的动力，用豁达代替狭隘，在班级营造友好、共进、和谐、互助的良好氛围。

（韩建设，河南省永城市新桥中学）

转化能量：把嫉妒心转化为正能量

嫉妒就要说出来

嫉妒心可能是一个阴影，也可能变成一种光明正大的力量。

那是期中考试后，试卷发下来时，小琳发现自己的分数是92分，有点失落地说：“老师，这次谁的分数最高？”我笑着说：“这次你没保住冠军宝座，你最好的朋友红红的分最高。她最近学习真的很努力，你再不加把劲，可要落后了。”她笑了笑，没说什么。但我似乎感到她的眼神中有一种奇怪的神情一闪而过，当时我没有多想。直到有一天，红红告诉我，小琳突然跟她疏远起来，她觉得莫名其妙，很苦恼，我才仔细回想小琳当时那个眼神，是那么冷。以前小琳一直是班级第一名，综合素质特别好，班级每次评优评先都少不了她。多年的教育经历使我隐隐感到：小琳对红红的疏远很可能出自嫉妒。

为了验证我的猜测，我开始不动声色地观察小琳对红红的态度，我发现每次我在她面前表扬红红的时候，她的态度都是冷冷的。红红的作业本被展览，其他学生赞叹不已，她却一言不发。红红的作文被刊登在校刊上，她连看都不看一眼，还私下里和别的同学说：“作文上校刊，有什么了不起的？”种种迹象表明，我的猜测是正确的。

一些优秀学生往往更容易出现嫉妒心理，因为优秀，他们习惯了被人羡慕，一旦有人超过自己，他们就觉得好像别人抢走了本应属于自己的东西。这时的他们还比较幼稚，不能恰当地反思自己的不足，反而憎恨别人的优秀，这就是典型的嫉妒心理。心理学研究表明：嫉妒心是一个阴影，在心里闷得越久，嫉妒心就越强烈，最后会演变成恨。

反复思考之后，我决定用催化表达的方式不着痕迹地促使小琳反思自己，淡化嫉妒，同时也给其他学生以正确引领。

班会课上，我先在黑板上写下了三个大字——嫉妒心，然后问学生：“你们知道什么是嫉妒心吗？”学生发言踊跃。接着我又和颜悦色地问：“你们有嫉妒心吗？”他们先是沉默，然后摇头，小琳的脸微微泛红，低着头不敢看我的眼睛。我轻松地说：“瞧把你们吓的，好像嫉妒心很可怕似的。其实嫉妒心也是一种上进心，是对优秀者的羡慕，难道你们都没有羡慕过别人的优秀吗？”学生轻松了许多，但还是没人承认自己有嫉妒心。我解释道：“每个正常人都会有嫉妒心，只要运用得当，嫉妒心可以促使自己产生更强烈的上进的力量。但要将嫉妒心转化为上进心有一点需要注意，就是要把自己的嫉妒心表达出来，这样才能保证嫉妒心发挥它应有的作用。”学生们若有所思。

我鼓励学生们思考：“你最嫉妒咱班的谁？为什么嫉妒他？打算怎样学习他？”同时，我告诉学生们，被嫉妒其实是一种荣幸，说明你足够优秀。我的话消除了学生的疑虑，教室里的气氛彻底轻松起来，学生们纷纷笑着举手，踊跃表达他们的嫉妒心，被嫉妒的学生也很兴奋。最初，小琳坐在那里不动，但最终被热烈的气氛所感染，举起手红着脸说：“我最近比较嫉妒红红，因为她学习进步那么快，我想通过加倍努力赶上她。”说完，她冲红红笑了，笑得很和气。我趁机说：“这种嫉妒心是在学习上展开竞赛，值得提倡，希望你们在竞赛中加深友谊，共同进步。”

这次班会课之后，小琳就和红红和好了。后来的工作中，我经常组织学生开展“表达嫉妒心”的活动，比如“我的嫉妒心”日记展览、“嫉妒心促我成长”交流会等，让学生把心中的嫉妒情绪及时表达出来，这样它就不再是个阴影，而是一种光明正大的力量。小琳曾真诚地对我说：“不会合理运用嫉妒心，差点就让我失去了好朋友，现在我知道，嫉妒就要说出来。”

（赵春梅，吉林省蛟河市庆岭镇庆岭金城小学）

营造氛围：把竞争从恶性变成良性

案例

优秀，别拿朋友当踏板

最近一段时间，班里一向很优秀的小青不知怎么了，脸色憔悴，上课萎靡不振，回答问题张冠李戴，作业也不认真。我观察了一段时间，却找不出问题所在。直到有一次，小璐无意中告诉我，小伟为了超过小青，请小青去网吧。一语惊醒梦中人，我愕然了。

嫉妒心竟然能让孩子纯洁的心变得如此复杂，友谊也抵不住嫉妒的诱惑……，我简直不敢再想下去。小青和小伟一直是好朋友，两人都很优秀，屡次被评为“优秀组长”“学习标兵”，只是，学习上小青比小伟略好一些。为此，课堂上我经常鼓励小伟加把劲，力争赶超小青，和朋友一比高下。

“或许我的鼓励才是导致小伟嫉妒心产生的真正原因。”我不禁打了一个寒战，为了让班级形成你追我赶的竞争氛围，我经常倡导好朋友之间互相竞争，时刻提醒他们，不能彼此认输，要争着抢着比优秀。也许正是这种过于频繁的鼓励催生了“不正当竞争”，以致部分孩子出现嫉妒心理。简直不敢相信，我竟然成了破坏孩子们“和谐共进”的始作俑者！“这样下去，这种心理会在班级蔓延，必须想办法遏制！”我果断决定。

接下来的几天，我把班委会成员多次请到办公室“筹划”一个特别的班会，纪律委员小峰还提交了一份比较详细的计划书。

周一下午班会课上，班长提前把班会主题“别把友谊当优秀的踏板”几个大字写在黑板上。当我走进教室时，学生已经小声议论起来。班委的表现尤其活跃，我看了小伟一眼，她似乎表现得比平时沉静多了。

这时，纪律委员小峰站起来大声问我：“老师，《三国演义》中杨修之死是否与曹操的妒才忌能有关啊？”学生们的注意力一下子被他吸引过来。班里大部分学生都读过《三国演义》，我趁机引导大家一起分析。在学生积极热烈的讨论中，主题逐渐明确，我又有意识地把“嫉妒”引申到同学间的友谊这个话题上，让大家敞开心扉谈谈“嫉妒”会给自己的朋友带来什么后果。大部分学生说“嫉妒”会使友谊变味，变得不再纯洁，可小峰却理直气壮地说：“老师，您经常让我们超越身边的朋友，在互相超越中，产生嫉妒之心也是难免的……”还没等他说完，语文科代表小凯“噌”地站了起来，情绪激动地说：“我百分之百不同意你的观点，当朋友的某个优点难以超越时，你可以发展自己其他方面的优势，这样与朋友共同进步，才是真正的友谊，你说的嫉妒是不良心态，不能算真正的朋友，你说我们班哪位同学嫉妒他的朋友了？”大家不由得热烈鼓掌表示赞同。接着，其他学生也纷纷站起来发言，分析嫉妒心对友谊的破坏性。

我受到班级气氛的感染，走到讲台上动情地说：“优秀，是通过努力，同朋友一起站到高处看美丽的风景。老师希望每一个同学都能与自己的朋友携手共进，更希望我们班与嫉妒无缘，我们要通过自身的努力实现自己美好的梦想……”孩子们静静地听着，脸上露出了会心的微笑。

放学后，我把走读生送出校门，正准备回家，小伟不知什么时候悄悄来到我跟前，含泪告诉我她请小青去网吧的事，诚恳地认了错，我表示原谅并保证不把这事说出去。她如释重负地走了。我想，此刻，卸下“嫉妒”的重担，她的心情应该轻松了不少。

这件事暂时解决了，但我的反思却没有停止。归根到底，是我不恰当的鼓励刺激了孩子们的嫉妒心，过于强调竞争而忽略了合作，忘记了引导，导致学生为了获得成功而不择手段。让学生认识到嫉妒心的危害只是消除嫉妒心的第一步，只有引导学生良性竞争，营造和谐共进、互帮互助的班级氛围才能真正解决问题。为此，我将不遗余力。

（石彩虹，山东省东营市东营区第三中学）

我治愈了她的“红眼病”

小葳和小蕊是我们班上一对龙凤胎兄妹，可是他们兄妹二人的关系，却并不那么融洽。在一篇题为《我的烦恼》的作文中，妹妹小蕊这样写道：“我最大的烦恼，便是进入初中后还跟哥哥小葳在同一个班。小学六年的经历已经令我痛苦不已了，没想到上了初中竟然还是难逃厄运！”

看到这段话，我很是疑惑，找小蕊谈心后，才明白了事情的来龙去脉。

因为家里有两个孩子，小葳、小蕊的父母从小便对两个孩子时时进行比较，引导两人凡事必竞争。每次考试后，成绩好的孩子可以得到父母的表扬和物质上的奖励，而成绩落后者却一无所有。小蕊一直很努力，在班里的成绩也不错，但大多数时候总落后哥哥一点儿，所以看着哥哥时常获得奖励，而自己却只能生活在哥哥的光环之下，嫉妒开始在小蕊的心底滋长。她对哥哥积压了一肚子怨气，并固执地认为，如果不是因为哥哥的存在，所有的好事都是她一人的，自己现在这样的处境全是拜哥哥所赐，哥哥简直太可恶了！

因为嫉妒，无论在家里还是学校，小蕊都变着法子与小葳作对，经常搞一些恶作剧。比如把小葳写完的作业撕掉；偷偷把他的课本、文具藏起来；在同学中说小葳的坏话；等等。久而久之，两人的关系越来越紧张。有一天，两人因为一点小矛盾大打出手，最后两败俱伤。看到一对亲兄妹整天像仇人一样，父母非常苦恼。

无奈之极的父母到学校找我商讨解决办法。我坦率地告诉他们：一味在两个孩子之间进行比较，不见得是明智之举。我建议他们尽量避免“横比”，因为这样极有可能引发孩子的嫉妒心，要多引导两个孩子进行“纵比”，这样才有利于帮助孩子树立信心。我的建议得到了他们父母的认可。

为了达到更好的效果，我又开始思考在学校怎样消除小蕊的嫉妒心理，缓和兄妹二人的关系，让他们健康快乐地成长。恰巧全区评选“最受学生欢迎的老师”，班里的学生都觉得作为三名候选人之一的我毋庸置疑会当选，纷纷给我加油鼓劲儿。没想到，评选结果出乎意料——我落选了。班里很多孩子为我鸣不平，尤其是小蕊。作为我的科代表，她对这个结果简直是义愤填膺，说这次评选不公平。我突然觉得这是与她沟通，帮助她克服嫉妒心理的好机会。

趁她到办公室送作业本的机会，我展开了与她的谈话：“小蕊，谢谢你对老师的肯定，老师很感动。但是你觉得老师这次落选的原因是什么呢？”“当然是学校了！咱们班的同学都非常喜欢您，支持您，您平时最理解我们了，像妈妈更像姐姐，教学成绩更是响当当！”小蕊的情绪显得很激动。“可是这次成功当选的老师，不也是这样吗？时时把学生放在心上，处处无微不至地呵护学生。”我的话让小蕊一下子哑口无言了：一方面，她不得不承认，当选的老师确实很优秀，在同学中也有众多“粉丝”；另一方面，她完全没有料到，我会为自己的竞争对手说话。

看到小蕊的小脸涨得通红，我继续跟她说：“小蕊，别人的成功不意味着你的失败，别人的失败也不意味着你的成功。‘最受学生欢迎的老师’只是一个称号，作为老师，我教你们，是希望你们能够身心健康地成长，而不是费尽心力去争一个称号。难道老师这次没有当选，你们就会否定我，不想让我继续教你们了吗？”“当然不是！”小蕊坚定地说。“所以，我们没有必要看不惯别人的成功，纠结于这些问题。最重要的，是看自己是否尽了全力。你觉得老师说的有道理吗？”听了我的话，小蕊若有所思地点了点头。

后来，我在小蕊上交的周记本上读到了这样的文字：“王老师都没有因为落选‘最受学生欢迎的老师’而懊恼抱怨，我为什么不能像老师一样豁达、大度一些，反而总眼红自己的亲哥哥，处处与他作对呢？”渐渐地，我发现小蕊的心结打开了，开始主动跟哥哥说话，放学时两个小家伙也像刚入校时一样结伴回家了。

我乘胜追击，采取更进一步的措施。比如在班级中营造公平、向上的竞争氛围，及时表扬小蕊的点滴进步等。我还特意在班里召开了一次题为“我很棒，我能行”的班会，引导学生充分发掘自己的长处，增强自信心。在这次班会上，小蕊大放异彩，她的绘画作品得到了全班同学的认可，还被大家推选为学校的“才艺小明星”，哥哥小葳也向她竖起了大拇指。

如今的小蕊再也不像从前一样，整天盯着哥哥，嫉妒哥哥了。因为她明白了一个人不可能在任何时候都比别人强，明白了尺有所短、寸有所长的道理。现在，两个孩子都生活得很轻松、快乐，学习方面也有了更大的进步。

（王文婧，山东省青岛市第七中学）

滋养学生积极的精神力量

身为班主任，每天都要面对学生的成长问题，并负有促成学生健康成长的专业责任。其中，对于嫉妒心较强的学生，我们该如何办？

我们都能感觉到嫉妒心所具有的杀伤力。它不仅无益于人、有害于己，且可能引发一系列消极的身心反应与实践行为，最终贻害无穷。但从教育学的视角看，如何理解学生的嫉妒心？如何从教育实践的角度促成学生精神世界的健康发展？如何由此主题出发，形成对班主任所负责的专业领域的系统思考？这些问题都有待研究。本文从以下三个方面开展讨论：一是直接针对有嫉妒之心的孩子，如何开展转化与引导。二是从防范的意义上，如何避免孩子嫉妒之心的形成与发展。三是从生态更新的意义上，如何增强学生的自我教育能力，给孩子自我矫正不良心理倾向的精神能量。

一 撒播健康的种子

人人皆有出现嫉妒之心的可能。分析不同的学生类型、不同的嫉妒类型，无疑应该是寻找解决方案的前提之一。结合自己的体验和阅读相关材料，我们甚至能发现，双胞胎之间都可能发生嫉妒行为。可见，这确实是一个值得关注的普遍问题。

首先值得注意的，是如何转化已经显现嫉妒之心的学生。他们处于危险、危机之中，需要教育的救助。

班主任可以通过自己的观察、了解、文本解读，加之相关学生的信息反馈或与家长的沟通，识别哪些学生已经显现出嫉妒之心，同时也要解读嫉妒之心的产生原因。相对于社会生活中的嫉妒而言，学生间的嫉妒往往涉及学校生活中的资源获得、发展状态等，核心是教师与同学的认可、赞扬与关心，以及由此而生发出学习成绩、比赛、奖励、相貌、家庭条件等一系列的比较。在此基础上，针对个体学生的引导与转化是必不可少的。无论是个别教育，还是借助群体而开展的活动，都需针对学生的特点进行。

第一，激发学生积极的力量，引导学生合理认识自己的优势与弱势，形成清晰、合理的自我意识。人无完人，金无足赤，任何个体的健康成长都需要建立在足够的自信与积极的自我意识的基础之上。班主任需要引导学生认识自己的弱项，但更需要发现自己的独特与优势，获得属于自己的成长体验，形成积极的自我认知。通过寻找源于自我的积极力量，形成“我也同样优秀”的合理认识，来消除因单一、狭隘、消极而形成的嫉妒的影响力。

第二，引导学生从多方面认识他人，尤其是从提高自身学习力的意义上，引导学生向他人学习，以丰富自我的内涵。从另一维度看，直接阐明嫉妒的负面影响，通过呈现已经形成的或可能的后果，促成学生体验、认识到嫉妒之心的杀伤力，也是可行的策略。适度的相互比较，既有助于发现他人，也有助于认清自我。在由比较而生成的两种力量中，清晰、奋起直追的上进之心与自我发展愿望，以及实实在在的学习行为，是生产性的力量；而嫉妒则是消耗性的力量。

第三，促成积极健康的交往关系，引导学生与强者交往，形成生产性的人际关系，融入强大的发展群体中。这样，就可能形成学生自我发展的积极网络，为个体的发展提供积极的支持，形成共生共强的新局面。

针对个体的教育，也必须同时借助相关支持体系而实现。例如，为促成同学间良好交往关系的建立，就需要班主任同时与相关学生沟通，取得他们的理解与支持；为促成学生自我认识的清晰化，需要班主任与学生家长联系，鼓励家长参与到转化和教育的过程之中，尤其是促成良性的家庭引导与家长期待，多一些发现和欣赏，多一些鼓励与培育。

已经显现出嫉妒之心的学生，是需要特别聚焦、及时转化、持续关注的。在一段时间内，甚至会成为班主任工作的核心构成。但这是在问题出现之后的处理。班主任还需要从长程的视野出发，及早预防相关问题的出现，尽量减少嫉妒心的出现。这就涉及学生发展的土壤更新问题。

二 更新丰饶的土壤

不同的生活，会对人性的养成形成不同的影响。基于人性复杂性的假设，在面对学生嫉妒的问题上，需要从针对“点”的教育拓展到产生“嫉妒”的土壤的改良上，以新的生活吸引学生，以生命成长的意义召唤学生——当学生全力投入生活、体验自身的生命成长时，当其个体的精神世界被更多的真、善、美所充实时，“嫉妒”得以生存的空间或土壤也就更少了。

这需要班主任首先在班级建设中促成学生积极、健康的价值观。过度竞争的价值观，功利、狭隘的价值观，以自我为中心的价值观，更容易滋生嫉妒之心。因为评价标准的单一与狭隘，过度强调成绩的高低比较、学生间的“好”“差”之分，行为中过度强调个体的成就与发展，都会促成嫉妒的生成。反之，当班主任更多倡导合作，倡导群体发展，坚持群体发展评价，强化小组、小队活动，关注多元丰富的学生素质发展，都会较好地化解危险，防患于未然。在当前，实践中依然存在着对“竞争”的过度崇拜，班主任会通过各种方式，鼓励学生“追赶”“超过”他人。尽管这一方式也能实现相关目标，但这一手段本身的道德性还是值得探讨的。更何况它也内含着对“学习”“发展”的偏差性理解，所以需要我们对其保持警惕。

其次，班主任要明晰学生发展目标，给学生以丰富的评价话语并描绘一幅多彩的成长图景。当学生从教师、家长那里，不断听到的是单一的评价话语时，如考试成绩、比赛名次，自然就会努力争夺那些有限的资源。而如果班主任与家长关注学生多方面的发展，关注学生是否学会了合作、学会了问题解决、学会了自我认识、学会了学习，或借鉴多元智能的研究，形成对学生多方面潜能的尊重，那么，学生就会形成多元、丰富的发展预期和自我评价。这样，就有可能化解嫉妒的危险，而促成丰富多彩的学生发展状态。在一定意义上，与嫉妒之心相对的是多元丰富的发展状态和积极的自我肯定；两个方向的发展是一种拉锯战，就看哪一方的力量占据上风了。

最后，还要促成群体与个体间的有效互动。这不但是在化解嫉妒的危险，而且是在促使学生学会在真实的生活中，实现个体的个性发展与社会性发展。在班主任工作中，要努力关注群体学生的发展，关注群体中的个体责任，和个体对于群体发展的贡献。通过这样的努力，会使嫉妒之心的产生土壤发生质变，从而使学生的人格特征更为健康，素质结构更为合理，精神力量更为强大，足以产生对嫉妒心的自我抗击与消化。

而这些努力，都必须具体化为班主任的教育实践，或学生的班级生活实践。在这一意义上，借助班级建设的内容结构，如班级文化建设、班级组织建设、主题活动及主题班队会等，创造出充满生命活力的班级生活。学生的健康成长，就在其中；班主任的专业能力发展，就在其中。

三 促成良性的生态

学生成长于具体的生态中。如果说，班级是学生成长最为直接的土壤，那么，通过班主任而促成学生积极参与学校活动，形成学校、家庭与社区的良性沟通，进而培养学生开放、大气、自主发展的当代人格，就是在整体形成学生发展的生态。这既可以更多地避免学生嫉妒之心的出现，也为矫正相关学生的心理与行为提供持续的支持。

首先，班主任要促成学生更自觉地参与学校层面的活动，实现班级学生发展、班级活动与学校层面活动的综合融通。与班级活动不同，学校层面组织的各类活动，以及学生会、少先队大队部等相关学生组织举办的活动，是学生发展的重要平台；学生能够在其中参与新的实践，交往新的人群，获得新的认同。为此，班主任要鼓励学生参与到相关的才艺比赛、文体活动与志愿者工作中，参与到各类社团活动和创造性的学校生活营建中，以努力促成学生在新的平台上获得发展，开阔学生的心胸与视野，熏陶学生的人格，从而尽可能减少嫉妒之心的形成。尽管当前学校层面的学生活动需要在类型、过程、评价等诸多方面进行改进或重建性研究，但不可否认的是，班主任具有将学校活动转化为学生发展的可能性，有着借助学校活动创造性地开展工作的可能性。

其次，班主任要努力促成社区、家庭与学校的合作，在合作中促成丰富的社会文化资源的教育转化。当学生全力投入发展之中，参与诸多吸引他的活动，学会承担多方面责任和体验自己的成长时，他就会沉浸于其中，而不再将相关精力聚焦于狭隘的比较与竞争之中。为此，班主任需要努力与家长、社区人士合作，创生一个个学生发展的新机会。事实上，家庭、社区有着丰富的育人资源，无限广阔的空间可以呈现在学生面前，世界可以成为学生的课堂，家长、社会人士等可以成为学生的教师！在这方面，班主任有责任，也有可能促成学生的再发展，并直接显现班主任工作的社会价值。

最后，班主任要将工作重心之一聚焦于学生的健康发展，促成学生与世界之间的健康关系。在无限广阔的世界里和生命全程的视野下，班主任对学生的影响力可能是有限的，也可能是无限的、渗透生命全程的。班主任需要保持对教育价值的关注和对教育质量的敏感。当我们从最初的个体式聚焦，到对世界中的个体生命质量的再思考，也就回到了最根本的教育问题：我们需要培养怎样的学生？我们如何帮助学生活出自己的精彩？我们做得怎么样？

学生间的嫉妒只是一个日常现象，但我们完全可以由此贯通对教育的认识与理解，并唤醒我们对理想新人的期待。这是班主任可以有所作为的。

更何况，已经有诸多班主任，在以其智慧与扎实的实践，启示我们感悟班主任工作的专业尊严与生命魅力。

（李家成，华东师范大学基础教育改革与发展研究所研究员，新基础教育研究中心学生发展与学生工作研究室主任）

7

学生抗挫折能力差，怎么办

让挫折成为一种教育资源

转变认知：让学生抗挫折能力更强

我班部分学生抗挫折能力较差，小小挫折常使他们产生强烈的挫败感：情绪低落，精神萎靡，影响了学习生活甚至身心健康发展。我通过和学生沟通发现，他们的挫败感主要源于错误的认知。为解决这一问题，我从关注学生心理出发，理解和把握学生产生挫败感的真实原因，并尝试改变他们的思维方式，增强学生对挫折的耐受性。

全面认识自己，增强抗挫折能力

正视个体身心差异，消除自我认知偏差

从生理上讲，每个人的神经类型都不一样，不同神经类型的人抗挫折能力存在差异，神经类型属于“强、平衡、灵活型”的人比“弱型”或“强而不平衡型”的人对挫折的容忍力更高。不同气质类型的人抗挫折能力也不一样。比如，气质类型为抑郁质的学生往往悲观敏感，对挫折的感受性高，即使很小的失败也容易引起较强的挫败感；胆汁质的人性格冲动、脾气暴躁、易怒易激动，遇到挫折更容易产生强烈的情绪反应和挫败感。此外，心境不一样也会导致抗挫折能力存在差异，当学生处于心情高度紧张、学习疲倦困乏、心情压抑、睡眠不足和饥饿焦躁时，即使比较小的挫

折和失败也容易引起挫败感。

基于此，我在班里开展了“尽显气质美”“学生挫折情景剧表演”“挫折面面观”“身边的强者”“不倒翁游戏”等教育活动，引导学生充分认识自己的特点，认识到个人因素对抗挫折的影响，尊重自己的特点，承认个体差异，接受自己内心的真实感受，消除对自我认识的偏差。对于因自身特点导致抗挫折能力较差的学生，教师要给予他们鼓励和引导，学生自身也要时刻提醒自己，比别人付出更多努力，加强自我控制，增强对挫折的耐受性，从而提高抗挫折的能力。

全面认识自身优缺点，消除选择性关注挫败感

每个人都有自己的优点和缺点，学生能够反思和认识到自身不足是值得肯定的。如果学生自我评价太低，总把目光放在自己的缺点上，甚至放大缺点，往往会导致丧失自信，产生挫败感。比如，我班有一个学生比较优秀，却常常心情沮丧，情绪低落。经过了解我才知道，原来他父母朋友家的孩子都非常优秀，久而久之，他学会了选择性关注，总是把目光停留在那些比自己优秀的人身上，看见的都是自己“比上不足”，而看不见自己“比下有余”。

我通过开展大量活动来帮助学生发掘自己的优点，消除学生的选择性关注，如“描述我的优秀品质”，“自信我能行，动作大展示”，“我是最棒的”，“设计动作和口号来展示自己的特点”，“我话我梦想”，“为同学点赞”，“寻找身边的榜样”等。通过这些活动，学生关注的焦点不再是自己的缺点，而是学会了发现自己的优点，全面看待自己，选择合适的参照对象，避免盲目攀比，找到了信心，减少了不必要的挫败感。

理性认知先行，转变不合理理念

制定合理目标，消除动机受阻带来的挫败感

有的学生对自己期望过高或重要他人对其期望过高，一旦不能实现，

就会导致动机受阻产生挫败感。对这类学生，教师应引导其改变想法，制定合理目标，降低认知失调产生的心理挫败。

为解决学生因动机受阻而产生的挫败感，在班级活动中，我首先利用主题班会和学生一起探讨目标制定的原则，让学生掌握SMART原则①，认识到目标必须是具体的、可衡量的、可达到的、相关的、有截止期限的。每次田径运动会、篮球赛、足球赛、科技艺术节、期中期末考试等来临之前，我都让学生自主制定目标，并利用班务会、晨会等让学生分享彼此的目标，并把科学合理的目标用专栏展示出来，让他们相互激励。我还设计了“目标大比拼”“理想与现实”“我的未来不是梦”“青春与梦想”“理想与责任”等作文和演讲活动，加深学生对现实、目标、理想的认识。对于个别目标定得太高、脱离实际、追求完美的学生，我会进行个别谈话，引导其转变认知，树立合理的目标和理想。

通过近两年的实践，学生对自己的现实情况都有了清晰认识，能较好地确立难易恰当的目标，因为目标制定不合理而产生挫败感的情况大大减少。

改变不合理认知，培养乐观积极思维

在心理活动中，不合理信念也会带来认知失调，产生挫败感。有的学生看问题是绝对化的思维模式，他们以自己的意愿为出发点，对某一事物怀有必定会发生或不会发生的信念，当事情不按照预期的轨迹发展时，他们就产生了挫败感。有的学生看问题过分概括化，常常以偏概全，导致自己遇到不如意时产生挫败感。还有的学生思考问题非此即彼，犯错后产生消极联想并无限制地放大错误的负面作用，给自己的心理带来巨大的打击。

---

① SMART原则，S指具体的（Specific）、M指可度量的（Measurable）、A指可实现的（Attainable）、R指相关联的（Relevant）、T指有时限的（Time-bound）。SMART原则是为了利于员工更加明确高效地工作，更是为了管理者将来对员工实施绩效考核提供考核目标和考核标准，使考核更加科学化、规范化，更能保证考核的公正、公开与公平的原则。

面对这些问题，我们需要帮助学生找出错误的观念，与其辩论，引导其改变不合理认知，培养其积极思维方式，从而消除由此带来的不良影响。

为达到这一目的，在班级活动中，我让学生进行“两歧图形”欣赏，引导学生从不同角度思考问题，训练学生思维的转换速度和灵活性。同时，让学生进行头脑风暴活动。比如，尽量又快又多地说出“砖头的用途”或“回形针的用途”等。此外，我还收集困扰班上学生的烦心事，让其他学生对这些烦心事进行积极解读，挖掘其中的正能量。此外，我还引导学生开展课外趣味知识抢答训练、猜字谜和成语、脑筋急转弯等知识抢答活动，拓展学生的课外知识，增加学生的成功体验，学生的思维广度和质量大大提高。通过这些活动，学生学会了从积极的角度去看问题。

实施价值引领，培养正确价值观

学会正确归因，增强抗挫折能力

归因方式会对人的挫败感产生较大影响。我常看到学生遇到挫折后产生内疚和自责，他们总觉得都是自己的错，自己应该做好的，如果当初自己不怎么样就好了。诚然，多从自己身上寻找失败的原因，可以汲取经验教训，争取下次成功。但是，一个人的成功与否受多种复杂因素的影响，各种偶然因素、外部不可控因素都可能导致失败，这是无法改变的事实，学生必须勇于接受现实。

为了让学生学会正确归因，我开展了“给自己照个镜”“失败之后”等主题教育活动，让学生了解不同归因方式对自己心理和成长的影响。每次比赛和考试后，我都让学生分享自己成功或失败的体会及背后的原因，让成功的学生分享喜悦和收获，让失败的学生得到鼓励和安慰。通过这些活动，学生慢慢学会了正确分析挫折产生的原因，增强了抗挫折能力。

敢于正视挫折，树立正确成败观

面对挫折，我们要教会学生树立正确的成败观，要敢于正视失败。比如，期中考试后我举行了“苹果该奖励给谁”小组讨论活动，设置了“考试成功的优胜者”“学习刻苦的进步者”“品行表现好的行为模范者”等选项，让学生在面对不同选择的冲突中，正确认识奋斗、成功，学会多维度地评价和看待自己成功与否，不唯结果论英雄，形成多元化的价值评价。

为了鼓励学生树立坚信自己一定能成功的信念，用发展的眼光看问题，我组织学生开展“以学业成败论英雄是否可取”等辩论赛，让学生在失败之后，淡化挫折带来的消极影响，专注于拼搏奋斗的过程，积极寻找克服挫折的办法。学生的挫败感在不知不觉中大大降低，抗挫折能力明显提高。

丰富思想阅历，树立正确生命观

我常常看到有的学生不敢正视挫折，在消极中抱怨和沉沦，蹉跎岁月，浪费生命。为了培养学生正确的生命观，在班级活动中，我让学生收集关于挫折的名人典故并在晨会上分享。由此学生阅读了大量的相关故事，对挫折和成功有了更加深刻的认识，懂得了生命中总有各种各样的挫折，深刻理解了生命的意义和价值不仅在于最终结果，更在于生命过程中的体验和成长。

总之，在思想认识层面上，必须让学生勇于探究挫折产生的思想根源，克服思维惰性，培养理性思维，形成实证意识和严谨的态度，进而提升抗挫折能力。在精神和价值观层面上，要让学生发扬不惧困难、坚持不懈的精神，正确看待挫折和成败，形成正确的挫折观。在生命观层面上，让学生在应对挫折中珍爱生命，理解生命的意义和价值，发展自信自爱的心理品质，增强抗挫折能力。

（程国超，广东省广州市黄埔区港湾中学）

习惯输赢，帮学生走下完美的神坛

“优等生”的别样春天

小 Q 是班级中的“优等生”，学习好，能力强，从来不让老师操心。但是某一天，仅仅因为后进生小 A 不服从她的管理，她的情绪就爆发了，任凭老师们如何安慰，她还是不能自控。

在冷处理的时间里，我细细分析了这个孩子的心理状态。小 Q 希望自己能够将优秀保持下去，甚至达到一种完美的状态，但是现实的压力却让她有时难以做到最好。我想，如果能帮助这个孩子懂得取舍，懂得多角度地看待周围的人与事，也许她就能够走过这个“冬天”，有不一样的“春天”了。

面对“逆流”勤反思

“优等生”往往被赋予了更多的任务和期待，小 Q 在这样的目光中总会不自觉地压抑自己的情绪。这次爆发固然暴露了小 Q 的问题，但也是一个帮助她健康成长的好机会。

情绪变化表

这个孩子表面上波澜不惊，其实也是个情绪化的孩子，只是在“优等生”的光环之下没有表现出来。为了让她对自己的负面情绪有一个比较直观的认识，我建议她使用一个记录生气指数的表格：当自己的情绪可控制时，可以用 5 以下的数值表示；当自己即将爆发和有一些小的不良情绪时，用 5—10 的数值表示；当难以自控时，用 10 以上的数值表示。坚持记录一个月后，我给她绘制了一幅月情绪记录图。

我拿着这幅图找到小 Q，让她自己看一看，她感到很惊讶，发现自己的情绪波动比较大，经常陷于不良情绪之中。她一边看一边说有些自责。我告诉她有情绪是很正常的事，并且让她看到情绪变化趋势是好的，趋向于小波动，说明她的情绪在慢慢平复，只要平日里能够对自己的情绪有所察觉，就能做到自己的情绪自己做主。她听后瞬间信心满满。

心灵留言板

作为一名“优等生”，小 Q 周围也有高手，她感到有压力是正常的。为了让她能够以一个普通孩子的心态面对挫折，我告诉她，一个十几岁的孩子，有情绪再正常不过了，如果她不愿轻易表露情绪，可以用一种更为隐秘的方式——“留言信箱”将自己的一些不愉快写下来，宣泄情绪。人的情绪一旦得到释放，那种原本不积极的、让人不舒服的体验感就会消失。她很高兴地采纳了这个建议，于是我们有了以下的对话。

小 Q：我对于小 A 实在是很生气，他对自己毫无要求，总是拖小队后腿，我简直对他忍无可忍，真希望他能够回老家去上学，这样就不会危害班级了（发怒表情）。

我：他的确调皮，但也挺可爱。我记得周二你水笔坏了，是他借给你的；周四你们共用了他的美术工具……。想想他上课都能睡着的样子（偷笑表情）。

引导这名“优等生”更全面地认识同学，将她的负面情绪带来的不舒适进行心理上的重构，建立相对舒服的感知，再将这样细碎的感知链接起来，就能够代替原来的负面感受了，这需要不断地重建和强化。当然，在此期间，对小 A 适时的引导也是引发这种感知的重要因素。

独享时光袋

小 Q 是一个长期生活在光环下的孩子，时时都被瞩目着，事事都要参与并取得好成绩——不仅学习上如此，其他各种各样的活动也都如此。

我找小 Q 妈妈交流了她在学校的表现以及潜在的问题，她妈妈很快就体会到了孩子的压力和辛苦，意识到周末也排得满满的补习将小 Q 最喜欢的素描、乒乓球都取代了。妈妈答应周末留出半天时间，让她做自己想做的事情。

小 Q 知道这个消息后，情绪的变化是显而易见的。每周她都会给我发一些生活信息，说一些悄悄话。在她的表述中，开始有了各种各样的开心事。

完成“破冰”重开颜

有了上次的矛盾爆发，小 A 和小 Q 两人都觉得有些尴尬。这一矛盾的解决也可以帮小 Q 重新定位自我，重新悦纳自我和别人。

班级事务合理参与

以往的班级各项事务基本都是围绕小 Q 展开的，她或是主力队员，或是独立完成，这使得她忙得都没有时间做自己的事。经过一番交流讨论，她决定推荐班级其他同学完成一些事情，给其他同学更多锻炼机会，也给自己更多闲暇时光。这样既深化了她和同学之间的感情，也让她的领导能力、合作能力都得到了相应的提高。

之后，我和小 Q 一起记录下了她的班级事务参与度和情绪变化之间的关系。从中可以看出，自从小 Q“放手”之后，她在学校有了一些自由的时间。对于她而言，主导的班级事务变少了，但她的工作能力比以前更强了，情绪也变得更加平稳了。

社会实践加深理解

为增进学生之间的相互了解，我每周都会带着学生们玩游戏，让他们有机会近距离相处，让他们带着“寻找美”的眼光看彼此，多发现同伴的优点。事实证明，学生通过活动来体验和认知比教师的无数说教管用得多。

活动日记摘录

班队活动：信任游戏

小Q日记：今天的活动需要我们先蒙着眼睛转一圈，然后随机找到一个帮助自己的人，整个活动中，所有人都不能说话。当我拿下蒙眼布的时候，才发现搀扶我的居然是小A，我有些生气，我可没打算原谅他。可是，整个过程中，我看不见，但他看得见我，如果他故意绊倒我，那我得多惨……

小A日记：今天，小Q居然转到我面前。我真想说：“你转过去呀！”可是，不行，不能说话是规则，我只能和她合作。当她发现是我时，似乎有点生气，但好像也没有那么生气，反正我没害她，我问心无愧！

学校活动：野外露营

小Q日记：学校的露营活动特别快乐，我们抛开了所有的烦恼，开始了愉快的生活……。小A正好在我旁边，同组的同学请他帮忙搬行李箱，他看到我的行李箱也在旁边，居然毫不犹豫地帮了我，我还有点小小的感动……

小A日记：……看到小Q的箱子在那里，我总不好故意不帮吧，于是我就顺手帮忙搬了一下，也觉得没什么，都是同学，很快就要毕业，如果回老家，以后都没什么机会遇到了……

在这样近距离的接触活动中，学生们增加了彼此的了解和理解，原来“高高在上”的小Q也在重新定位中慢慢地认识了自己，接纳了别人。

小Q渐渐在学习生活中学会了换一种方式换一种心境，她的心慢慢地变大了——她懂得了如何释放自己的情绪，懂得了如何将更多的正能量传递给周围的人，找到了自己的“春天”。

（李月琴，浙江省嘉兴市平湖市实验小学）

接受失败，赢得成功

随着生活水平的提升，孩子所处的环境越来越优越，加之众多长辈的宠爱，使得现在的学生的抗挫折能力较差，不能接受失败，面对挫折甚至会采取极端的方式。在这样的背景下，挫折教育不得不引起我们的重视。

小悦是班里的“学霸”，不仅学习好，而且参加各种比赛都能获奖。然而，随着学校并入一所老牌名校，小悦参加各类比赛的获奖难度陡增，从原先获奖如探囊取物到如今的颗粒无收。如此大的反差，让自信的小悦越来越消沉。小悦的变化让我意识到，她面对挫折时的心理承受能力还有待增强。看来我需要寻找时机，让她学会正确看待发生在自己身上的一切。

并校后的第一次校运会，小悦参加100米短跑，结果在预赛中就被淘汰了。刚跑到终点，她便伤心地哭了起来。我正准备过去安慰她，突然想到这次失败的经历或许正是训练她的耐挫能力的好机会。

我来到小悦身边，说：“我知道你很在乎这次比赛，那么，从这次比赛失利中，你意识到了什么吗？”

小悦仍然沉浸在失败中，良久不愿意开口。

我接着说：“你是不是发现对手很强？”小悦点点头。

我拍拍她的肩膀说：“这是很正常的，而且这还只是我们校内的比赛，到市里、省里比赛，对手会更强。如果我们一直无法接受失败，那只能活在失败中。”

小悦似乎明白了什么，但又有些迷茫地问我：“李老师，那我该怎么做呢？”

我说：“你可以制定新的目标呀，比如接力赛。从今天的比赛看，对手确实很强。不过，我们班接力还有机会赢他们。”

现在的小悦严重缺乏信心，她小声地问：“真的吗？”

我坚定地说：“当然是真的，你们四个单个跑不过她们，但是接力比赛靠的是配合。”

小悦似乎又找到了目标，她和同学经过多次的交接棒训练，在 4×100 米接力预赛和决赛中都获得了第一。然而，这一次成功，并没有给小悦带来太大的改观，她还是觉得自己是失败的，之所以能获得第一是靠别人的帮助。

于是，我专门设计了一节关于挖掘潜力、树立信心的心理活动课。其中一个重要环节是“盲人方阵”：全班学生分为四个小组，每个人都用布蒙住眼睛，要求每组用长绳围成一个面积最大的正方形。一开始，大家觉得这个任务很简单，但当所有人都被蒙上眼睛后，却怎么都不能围成正方形。在其他小组仍然处于混乱时，我注意到，第四小组的组长小悦开始站出来指挥，凭借着她的领导才能，第四小组第一个完成了任务。

在之后采访环节，我问小悦：“你们组为什么这么快就能围成正方形？”

小悦非常兴奋地说：“刚开始，我们小组每人都有自己的想法，并且都按照自己的想法去做，结果很乱。后来，我提出由我来引导大家做，组员都按照我的方法去做，很快就成功了。”

同学们听了都点头，按照小悦的方法，很快全班都成功了。这一次心理课，小悦收获了同学们的信任。

这次活动后，小悦成长了许多，不再像之前那么消沉了。随后，我收到了小悦的信：“李老师，谢谢您的心理课。这节课让我意识到，虽然我在某些方面比不过一校区的同学，但我也发现了我的优势，我在很多方面可以做得更好。”

之后，我尽可能地引导小悦在不同领域不同方面进行摸索、尝试。在这个过程中，小悦继续经历失利，慢慢地习惯了“输”，学会了坦然面对人生路上的失败和挫折，并在此基础上不断挖掘自己的潜能，让自己更优秀。

学生之所以无法面对挫折，是因为他们缺少正确认识自我的机会，而正确认识自我才能超越自我，接受失败才能赢得成功。因此，面对抗挫折能力差的学生，我们更需要给予他们面对失败的机会，让他们意识到失败是正常的，只要正确面对就能够让自己更优秀！

（李伟明，福建省晋江市第二实验小学）

情绪管理助学生积极应对学业重压

战胜迷雾，方得阳光

小欢是高三开学时进入我班的，她是一名复读生，来的时候一副冷冰冰的样子，和她说话也不愿意回答，只说自己本来很优秀，就是高考没发挥好。

秋风秋雨愁煞人

开学第一次考试之后，小欢忽然不见了踪影。后来，有学生说在校园里的湖边见过她。我急匆匆地赶过去，还好，她只是在湖边站着。看见我过来，她没有说话，仍然把目光投向远方。过了一会儿，她突然说了一句：“秋风秋雨愁煞人。”

听到这话，我在脑子里迅速地把她开学以来的表现过了一遍：在班里总是认认真真，安安静静，不爱与人交流，也不犯什么错误。各科老师都说她底子好，悟性也好，但这次考试……。一想到考试，我就明白了，她这次成绩并不理想，与各科老师对她的评价相差甚远。以我的经验，这是源于她不良的应考心理状态。

但我知道此时不能和她谈成绩，于是，我接着她的话说道："你知道这句诗，那你知道秋瑾吗？""知道，她为了自己的理想而努力，后来理想没有实现就死了！"听了她的回答，我大吃一惊，说："那你知道她是为什么而死的吗？她是为了国家……"我的话还没说完，就被她打断了："老师，请你不要和我讲大道理，我也没想去死。"说完，她转身走了，我在后面一时竟不知说什么好。

也无风雨也无晴

我和她的家长联系后，大致了解了问题所在。小欢从小就很聪明，成绩很好，可没想到由于压力太大，高考考砸了。她一下子就像变了一个人，郁郁寡欢，谁来劝都没用。了解了这些，再回过头来看她的问题，我发现所有的问题都可以归结为一点——抗挫折能力差。

卢梭说过，人要是惧怕痛苦、惧怕折磨、惧怕不测的事情，那么他的人生就只剩下"逃避"二字。人生际遇不是个人力量可以左右的，在不如意的环境中，唯一能使我们迎接挫折而不被其击倒的办法，便是正视它、接受它。现在我要做的事，就是要让小欢正视挫折，调节好情绪，坦然而积极地面对考试的压力。可是该从哪里入手去帮助她呢？我一下子想到了她在湖边独吟"秋风秋雨愁煞人"的画面。既然她喜欢文学，作为她的班主任，又是语文老师，我为什么不抓住这个点来做文章呢？

第二天上课时，我故意讲到苏轼，并提问小欢，让她谈一谈对苏轼的看法。小欢淡淡地道："我很喜欢苏轼，喜欢他的豪放大气，喜欢他的洒脱不羁。"我马上问道："那你想成为苏轼一样的人吗？"小欢一愣，开口道：

“我做不了苏轼，我没有他那样的心境。我不是苏轼，苏轼也不是我，每个人的经历都不一样。”说到这里，她似乎欲言又止。

我进一步问道：“你知道苏轼的‘也无风雨也无晴’吧？那么你知道这首诗背后的故事吗？乌台诗案使他身心受到重大打击。来到黄州，虽然处在恶劣的环境中，他却保持着旷达的心胸、从容的心态。在最落魄的日子里，他依然能淡然地说出‘也无风雨也无晴’，对人生风雨喝出‘谁怕，一蓑烟雨任平生’。所以，我们每一个人遇到挫折与失败的时候，先不要泄气，因为在学习中遇到的挫折都是微不足道的，且看广阔人生，前方的美景等待着我们去追逐。小欢，你说对吗？”

当我讲完这些的时候，小欢轻轻地点了点头，我觉得她的眼睛亮了好多。下课后，小欢走到我身边，小声地说：“谢谢您，老师，谢谢您的‘也无风雨也无晴’。”

岂余心之可惩

之后，小欢的情绪有所改善，比以前阳光了一些，可总是隐隐约约地让人感觉她还是没有走出高考失败的阴影。正好此时市里举办戏剧大赛，我们学校编排的节目是历史剧《屈原》。本来学校要求高三学生不参与此次活动，但我还是为小欢争取了一个名额，让她去饰演婵娟。小欢知道后很高兴，努力背台词，参与排练。

过了几天，小欢妈妈来到学校，说小欢情绪很好，很有小时候去参加舞蹈比赛时的那个劲头，他们也很欣慰。但还是有些担心地问我：“这是否会影响她的学习？”我反过来问她：“您觉得小欢现在最主要的问题是学习吗？”小欢妈妈顿时沉默了，我便邀请她一起去看小欢排练。当时正好演到婵娟骂宋玉的那一段，当小欢情绪高昂地斥责“宋玉，你这没有骨气的文人”时，从她的动作、表情、眼神里，我看到了一个完全不一样的、自信满满的小欢。小欢妈妈的眼睛湿润了，我知道我们看到了相同的东西。

后来的演出很成功，小欢给我写了一封信，上面写道：“老师，我想用屈原的一句话来表达我现在的心情——'虽体解吾犹未变兮，岂余心之可惩？'。屈原即使粉身碎骨，也不会改变自己的志向，我又怎么能因受打击而一蹶不振呢！我现在再也不怕挫折了！"

挫折只是一层薄薄的雾，它并不能遮住太阳，战胜它，我们的生活便充满了阳光。

（张井录，新疆克拉玛依独山子第二中学）

自我赋能，给"玻璃心"加点"弹性"

案例

"暖心"行动，提升学生抗挫折能力

开学刚两个月，小涵母亲便提出希望我帮助她女儿转班，因为她发现女儿在学习方面很消沉，不想来上学。我通过一番调查后得知，原来是小涵和班里同学小肖因网络聊天产生矛盾，进而在现实中都表现出不满情绪，同时，小涵觉得小肖在班级很有号召力，不少女生都和她走得很近，只有自己形单影只，因此学习也提不起劲来。小涵母亲怕因此影响她学习，所以想通过换个环境来解决这个问题。

在多年带班工作中，像小涵这样在处理人际关系方面力不从心，在人际交往中抗挫折能力弱的学生不在少数。究其原因，常与三个方面有关：一是受到认知水平与心理发展程度的影响；二是与家庭教养方式有显著关系；三是自身在人际交往中存在心理障碍。根据以上三点认识，我对小涵展开了"暖心"行动。

保持健康心——正确认识挫折

遭遇挫折未必就是坏事，关键在于对待挫折的态度。因此，我的“暖心”行动第一步就是找小涵谈心，了解她的真实感受，帮助她正确认识挫折。

在学生谈心室里，我首先和小涵讲述了自己成长过程中的受挫经历，然后告诉小涵：“一个人遭受挫折是人生之必然，挫折的确能给人以打击，但也能磨炼人的性格和意志，给人的成长带来机遇和动力。”之后，我帮助小涵对遇到的挫折进行正确归因。小涵向我诉说了和小肖产生矛盾的缘由。原来，开学初两人在网上聊天比较投机，于是她就把小肖当成了好友，在小肖面前毫无顾忌地议论自己看不惯的同学；而小肖则把她的聊天内容截屏传给了其他同学，还在其他同学面前说她的坏话，这让她觉得很受伤。我和小涵分析道：“进入新环境，大家都希望被身边的同学接纳，你在寻求同学的喜欢与信任，其他同学也是一样的。但是，背后议论他人长短，传递的是一种负面情绪，相信你也品尝过被人议论的苦果，又怎能变成这样的人？同时，对于那些恶意传播负能量的行为，你完全可以寻求老师的帮助。遇到挫折不可怕，但若我们自我消沉，困境会自然逆转吗？你一定不要丢掉积极的人生态度，思考解决问题的方法才是努力的方向。”听了我的讲述，小涵的眼眶红红的，离开时向我表示了感谢。

增强同理心——及时疏导挫折

父母是孩子的第一任老师，孩子抗挫折能力与家庭教养方式显著相关。因此，发挥好家校协同作用就成了“暖心”行动的第二步。通过家访，我得知小涵的父母早已离婚，她一直跟着父亲生活。在教育方面，父亲脾气急躁，看到小涵成绩不好，就会责骂。而母亲因为经常出差，为了弥补情感上的亏欠，对她在物质上有求必应，极为宠溺。

了解情况后，我跟小涵的父亲交流了孩子目前遇到的人际交往上的挫折，指出了孩子成长过程中遭遇挫折是不可避免的，能够忍受和消除挫折并保持心理平衡也是学生健康成长的重要内容。小涵父亲对此表示非常认同。于是我建议，作为父亲，他要多站在小涵的角度倾听她的内心感受，及时疏导她的负面情绪，给予她更多的精神关爱与正面引导。因为一个内心拥有安全感的孩子，更容易坦然面对成长过程中所遇到的挫折，更容易去想办法解决问题、战胜挫折。小涵父亲表示愿意积极改变自己的教育方式。

接着我又约了小涵母亲进行谈话。我说："每个家长都不希望孩子怯懦和胆小。在成长过程中，孩子难免会遭受各种各样的挫折，逃避并不意味着问题的解决，不如借这个机会，提升孩子的抗挫折能力，向孩子传授人际交往的方法，如此对孩子的成长才会真正有帮助。"小涵母亲听后，反思了自己先前教育方式的问题，表示会积极从态度和方法上引导女儿正确对待挫折。

培育乐观心——主动克服挫折

作为教育工作者，我们不仅要重视学生智力发展，更要重视学生意志力的培养和良好个性的塑造。因此，"暖心"行动的第三步就是利用群体氛围引导学生，营造正能量的班级舆论氛围。

我先在班级举行了"在挫折中成长"主题教育活动，通过挫折情境体验、榜样学习、探讨应对挫折的方法等环节，引导学生正确认识挫折，并能积极地、创造性地对待生命中的挫折。之后又让班委策划了"悦纳自己，欣赏他人"主题班会，通过演绎学生们现实生活中发生的小摩擦、小矛盾，激发他们对同学间关系的深度思考。通过讨论，学生最终达成共识：一是在生活中要学会自我减压；二是在人际交往中，要尊重别人，这样才会赢得别人的尊重。

在这两项活动中，我特别留心了小涵的表现。她一改之前心事重重、沉默寡言的状态，不仅听得很认真，还主动和同学一起讨论，表示自己要在人际交往中多学习别人的长处，并用积极心态提升自己的抗挫折能力。

通过家校的共同努力，如今，小涵早已放下了之前的心理包袱，再也没提换班的事情，在班级里不仅交到了志同道合的朋友，而且学习情绪也回归了常态。由此我想到，当面对学生抗挫折能力弱，用非理性的方式来应对学习和生活中的困难时，我们班主任也不用抱怨、逃避，这何尝不是给我们专业化成长带来的机遇和动力呢？我们一样可以用积极的人生态度，努力思考解决问题的方法，从而成为学生的榜样！

（葛未来，上海市高境第一中学）

挫折面前，做回自己

“李老师，小敬又偷划我的考试卷子！”我刚走进教室，就有两个学生跑过来告状。我心里一惊，看着旁边手足无措的小敬，心里顿时明白了七八分。小敬什么事情都希望和别人比较一番，争出高下才罢休。每当自己考得不如别人时，他总是十分气恼，采取错误的发泄方式，以至于做出划破其他同学卷子这样的过激行为。

其实，小敬的过激行为不仅表现在考试方面，只要遭遇挫折，他就表现得十分激动。他性格要强，爱比输赢，受不了失败和落后，这些导致他在面对学习生活中的各种小事时，总是过于在意事情完成的好坏，十分抗拒失败与挫折。于是，我决定帮助小敬，教会他在挫折面前，戒怒戒躁，做回自己。

在小敬又一次发作时，我不动声色地把他叫到一边，用平和的语气告诉他：“小敬，老师现在告诉你的话很重要，你要竖起耳朵仔细听。哭闹喊叫解决不了任何问题，只会让事情更加不好。你想要做好，说明你有上进心，老师要夸奖你。”

“老师，可是我做得不好，您也会夸奖我吗？”小敬带着哭腔问道。

“你有上进心，老师当然要夸奖你。但是你也要明白，不是每个人都能把每件事做得很好。包括老师和爸爸妈妈在内，很多人在很多事情上都会做得不太好、不完美，甚至会出现错误。”我说。

这时小敬的情绪平静了许多。看得出来，他内心的疑惑代替了躁怒的心绪。“那你们不会很生气吗，李老师？”小敬挠着头问道。

我微笑着告诉他：“我们在面对失败与挫折时也会生气，也会烦恼，但是一味地着急生气只能让自己陷入更加不好的心情当中，导致最后什么事情都做不好。所以啊，我们会及时让自己静下来，思考问题产生的原因，再一一解决这些小麻烦。”小敬似懂非懂地点点头，似乎明白了些什么。

在接下来的学习中，我从多方面引导小敬。我和他一起分析听写词语跟不上的原因，引导他从自己身上找原因，讲解词语时是否认真听讲了？复习时是否专心致志？我直视着小敬的眼睛，他有些羞愧。接着，我告诉他，记忆词语是一个过程，需要循序渐进，面对一时记不住的情况不要着急，只要坚持努力，一定会有所进步。小敬听到这些，不由得点了点头。我暗自欣喜，第一阶段的教育有效果了。

又是一次考试不理想，小敬没有在班里发脾气，而是找我倾诉：“李老师，每次出现做不好的事情时，我都会想自己是不是太笨了，根本就做不好。”

我首先表扬他成功地控制住了情绪，没有乱发脾气，接着告诉他：“你有很多优点，遇到挫折不要盲目否定自己，每个人都有自己不太擅长的地方。遇到困难时，我们可以把一个大困难分解成好几个小困难，然后一一去击破它们。”小敬听后不自觉地点了点头。

时间一天天过去，小敬在面对挫折的时候，不再慌张，能稳住情绪，让自己先跳出来看待遇到的挫折。就连他的同桌也偷偷告诉我：“李老师，小敬最近变得柔和多了，我开始喜欢我这个同桌了！”我听了，不由露出了老母亲般的微笑。

孩子的心理既简单又复杂，他们在面对各种各样的挫折时可能会有不一样的反应。我们要教会学生在遇到挫折时勇敢地面对，感受生活，愈挫愈勇！

（李宁，北京市海淀区实验小学阜成路校区）

专家视点

没有失败　只有回馈

——叙事疗法视野下的中学生耐挫力培养

每个人的一生都不可能是一帆风顺的，总会在人生旅途中遇到各种各样的挫折。心理学家研究发现，同样智商的人有的获得大的成就，有的却穷困失意，主要原因在于是否具有坚强的意志，是否具有耐挫力。同样是遇到挫折，不同的人反应不同，有的人百折不回，有的人则一蹶不振。因此，我们在教育过程中，要着力培养学生的耐挫力，从而为学生美好的未来奠基。

 认知解读：认识挫折和耐挫力

心理学中的“挫折”是指人们为满足自己的某种需要，在追求特定目标的活动中遇到了无法克服或自以为无法克服的障碍和干扰，使其需要不能获得满足时所产生的心理状态和情绪的反应。所以，挫折的发生与个体的目标、需要有关，也与个体的情绪、动机有关。

挫折的存在具有普遍性，每个人都会遇到挫折。引起挫折的原因既有

主观的，也有客观的，但归根结底，挫折的产生是由于人的认知与外界刺激因素相互作用失调所致。对挫折的感受因人而异，引起某一个人挫败感的困难和障碍，不一定会引起其他人的挫败感。其原因主要是人的耐挫力不同，也就是人经得起挫折的能力不同，它在一定程度上反映了人对环境的适应能力。人的耐挫力与人的生理、社会经验、抱负水准、对目标的期望以及个性特征等有关。挫折对人的影响具有两面性：一方面挫折可增加个体的心理承受能力，另一方面也可使人们处于不良的心理状态中，出现负向情绪反应，并采取消极的防卫方式。我们认为，要促进青少年学生的健康成长，必须重视对学生进行挫折教育，提升学生的耐挫力。我们要充分运用适当的教育学、心理学理论知识，运用适恰的策略方法引导青少年学生正确地认识挫折，提高青少年学生的耐挫力和应对挫折的能力，让学生正确地面对人生和对待学习与生活中遇到的种种挫折，发展学生的心理品质，提升学生的生活幸福感。我们要让学生认识到，挫折对于成长中的我们，既是一种痛苦，也是一种磨炼、一种阅历、一份财富。当我们用正确的心态去面对挫折时，挫折就会成为我们成长的基石。踏过挫折，我们会更加强大，更加成熟。

二 现状分析：学生耐挫力现状及原因

许多学生在遇到学习的困境时，在人际关系出现问题时，在感情遇到挫折时，轻则郁郁寡欢，重则离家出走、厌学甚至自残、轻生，而且这样的现象有日渐增多的趋势。2019 年 4 月 17 日，在上海卢浦大桥，一个孩子就因为被妈妈批评而选择跳桥，结束了年仅 17 岁的生命。仔细分析此类行为背后的原因，大体有以下几个方面。

1. 家庭功能不良

孩子的耐挫力差，首先是源于家庭功能不良，家庭中没有良好的互动。现在的孩子生活在物质条件优越的时代，许多孩子家庭条件很好，但家长往往只关注孩子的学业成绩，觉得只要在物质上满足孩子就可以了，他们忙于工作，很少与孩子进行有效沟通，更缺乏真正的尊重和理解。有些孩子是单亲家庭或隔代抚养，容易使孩子缺乏安全感，产生情感上的不满足。这样的家庭环境和家庭教育既使得孩子在人格、情感上发育不够完善，又让孩子缺乏必要的磨炼和锻炼，导致孩子缺乏应对挫折的能力。应该看到，在孩子身上表现出来的耐挫力差，不仅仅是孩子的问题，同时也是家庭的问题、家长的问题，是家庭的功能系统出了问题，是家庭互动关系出了问题。

2. 社会环境变化

社会竞争日趋激烈、多元价值不断碰撞、人际关系日益复杂等社会现状，都在悄无声息地影响着青少年学生。一旦遇到挫折，有些孩子无法及时得到教育引导，就可能引起心理与行为的严重失调，从而产生许多心理异常行为。我们看到，有些孩子在学校中就开始担忧将来走上社会自己无法面对，想着如何才能逃避或是解脱。

3. 个体心理因素

青少年学生正处在成长过程中，心理上还不够成熟，缺乏社会经验，世界观和人生观还不稳定，遇事容易冲动，情绪容易波动，对父母有依赖同时又渴望独立，对事情的认知不全面、不深刻，遇到问题容易有极端思维，心理脆弱，容易产生自卑心理、悲观情绪和逃避行为，缺少积极进取的意志，缺乏承受挫折的能力。

我们着力探究提升学生耐挫力的策略和方法，有利于培养学生的健全人格和良好的心理素质，提高其在未来社会中的竞争力。

三 策略探索：叙事疗法视野下学生耐挫力的培养

培养学生的耐挫力，增强学生调控情绪、适应环境的能力，是中学心理健康教育的目标之一，心理教育中可以运用叙事疗法培养学生的耐挫力。后现代视野下的叙事疗法起源于20世纪80年代，发端于澳大利亚与新西兰，代表人物有澳大利亚临床心理学家麦克·怀特（Michael White）和新西兰的大卫·爱普斯顿（David Epston）。叙事疗法是咨询者通过倾听他人的故事，运用适切的语言技巧，帮助个体找出故事叙述过程中未予注意而被遗漏的“闪光的亮点”，并通过将问题困扰外化的方式，引导个体重构积极故事，以唤起个体改变内在力量的过程。个体通过叙事过程理解自己的生活经验以及由叙事衍生出的自我。叙事疗法中的叙事关注人类行为如何通过叙述人生故事而组织起来并赋予新的意义，以及如何在这个过程中建构自我，从而以全新的姿态去应对挫折。

1. 改写故事编码，化解不良情绪

以色列年轻作家尤瓦尔·赫拉利（Yuval Noah Harari）在《人类简史：从动物到上帝》一书中，描述了从十万年前有现代人类迹象开始到21世纪资本、科技交织的人类发展史。十万年前，地球上至少有六个人种，为何今天却只剩下了我们现代人类？这本书告诉我们，我们人类自古就擅长讲故事，当遇到挫折或外敌入侵时，人类能通过讲故事、描述愿景，团结所有的人同仇敌忾、共渡难关，而其他人种在面临挫折时则惊慌失措、四处逃散。这也给了我们深刻的启示，让我们想到在叙事疗法视野下，学生耐挫力的培养是可行的，而且在人类发展史中是有其渊源的。

叙事疗法不同于实证主义特质因素论，它认为现实是以故事来组成的，我们存在的现实来自我们使用的语言，我们生活和述说的故事构成了我们所处的现实，人们也因此形成了对自己和世界的认识。叙事咨询是以故事叙说的方式来进行咨询，具有人本主义倾向和认知建构特征，有别于传统心理咨询的问题解决模式。当我们的学生遭遇挫折并为之所困扰时，我们要让学生知道，对于每个人来说，重要的不只是我们所经历的，而是我们如何去建构和重构我们的经历，为之赋予新的意义。这样进行挫折故事改编，让我们既看到挫折带给我们的伤害，同时也看到挫折背后的意义。例如，当考试失败时，既看到考试失败给我们带来的伤心失落，同时看到考试真正的意义是让我们了解回顾前面学习的内容，失去的分数提醒我们学习当中还有哪些需要改进。这样改编考试失败的故事，就能化解伤心失落的情绪，取而代之的是积极进取的态度和行为。因此，基于建构主义的叙事疗法既是一种技术，也是一种态度，将这一理念融合渗透于提升学生耐挫力的教育辅导是很有意义和实效的。

2. 寻找例外事件，建立自尊自信

当学生遇到挫折时，往往会采取逃避的方式，情绪悲观低落，不愿直面困境。在叙事疗法的视野下，我们可以帮助学生回顾自己的成长经历，从中寻找曾经遇到过的其他挫折困境，以及自己曾经采取过哪些积极的思想和行为去应对并获得了成功，从而让学生看到自己的例外事件，发展出支线故事。发展支线故事即寻找例外事件和特殊意义事件等，赋予所经历的故事新的意义，运用局外见证人、故事命名等技术帮助个体从不同的叙说中生成新的发展可能性，从而丰厚生命故事，活出新的自我和未来。例如，有个学生经常不完成作业，对学习不感兴趣，没有信心。有一天，她作业完成了，老师跟她谈话沟通："你今天作业全部完成了，我很好奇，你是怎么做到的？当你昨晚想放弃不做的时候，你想到了什么？你做了什么？如果你父母知道你作业全部完成了，他们该有多么高兴！"通过发现学生这样的一个例外事件，帮助学生分析自己的行为与深层想法，让学生找到自己内在的力量，并不断加以强化，从而建立起自尊自信。这为她今后能更好地克服困难，达成自己的目标树立了一个典范。

3. 塑造选择机制，建构美好假定

心理学研究表明，我们的知觉具有选择性，当我们同时面对许多刺激信息时，我们可以选择接受哪一个信息。例如，你到火车站接人，火车上下来许多乘客，可你眼中只有你想接的人。当我们遇到同样的一件事情时，也可以选择用不一样的心态去应对。例如，同样是期中考试结束，小美和

小丽成绩排名差不多，小美看到的是自己在哪些学科考出了好成绩，增强了自信；小丽看到的都是自己考得不理想的学科，觉得很懊恼、沮丧。当我们遇到挫折时，可以选择接受现实，同时努力进取，争取新的成功；也可以选择怨天尤人，丧失斗志，随波逐流。电影《风雨哈佛路》中的主人公莉斯出生在贫民窟，父亲酗酒成性，母亲吸毒成瘾，在她 15 岁那年去世，她选择了坚强，选择了努力奋斗，通过自己的真诚和努力，顺利考入哈佛大学，并获得《纽约时报》的全额奖学金。而具有同样命运的克瑞斯，却选择了在社会上流浪。

所以，我们要教会学生选择，帮助学生形成良好的选择机制，建构美好假定。当我们选择以积极乐观的心态、努力进取的行为去面对挫折时，那我们就能战胜挫折，因为真正能打败我们的，不是挫折，而是我们自己。即便是身处困境，我们也要给自己一个美好的假定，这个美好的假定会让我们充满期待地去争取美好未来，我们往往就是在设置的假定中自我实现的。反之，一个消极的预期则会带领我们从一个困境走进另一个困境。

“人生不如意事常八九”，遇到挫折是人生中的常态。我们要注重培养学生的耐挫力，让学生懂得在人生中没有失败，只有回馈，帮助学生改写挫折故事，选择用积极的心态面对挫折，在挫折中寻找到克服困难的资源和能力，找到需要提升改进的地方，从而走出挫折，迎接美好的未来。

（夏春娣，江苏省镇江崇实女子中学党委副书记，
国家二级心理咨询师，江苏省心理特级教师）

学生遭遇情感挫折，怎么办

警惕：学生情感世界的几道坎儿

学生情感挫折四例

若有若无的“爱情”

燕燕是班里一个秀气美丽的女孩，学习认真，担任班干部，在工作上很有办法和号召力。八年级时的一天，燕燕的家长来学校告诉我，他们发现孩子有“早恋”迹象——前段时间，燕燕开始注重穿着打扮，每天都神神秘秘的；可近来，燕燕又变得情绪低落，回到家就把自己闷在屋里，不愿和大人交流，而且还在日记本上写道：“我每天都想看到他。他说话不多，但声音是那么好听。他学习好，体育也那么好……”

我和燕燕家长交换了意见，嘱咐他们先不要打扰孩子，怀有一定的警觉性或严格要求虽然值得肯定，但以后最好不要随便翻看孩子的日记，孩子应该拥有属于自己的精神天地。

送走家长，我静静回想燕燕近来的表现：她的确换了新发卡，新衣服也衬得她青春的面庞多了一分自信。我又悄悄向班上其他学生了解情况，有的女生一提到燕燕便指指点点，有的男生则是一脸的“坏笑”。英语王老师也说燕燕最近上课有点儿心不在焉，月考成绩下滑明显……

于是，我与燕燕进行了长谈，谈到了她的喜好，也问了她对这次成绩的想法，以及对那位男生的客观看法。燕燕没有避讳，坦率表明了自己作为青春期女孩对班上优秀帅气、健康阳光男孩的爱慕之意。无奈，落花有意流水无情，对方丝毫不为所动。这使得燕燕近来很是痛苦郁闷、魂不守舍。

青春期学生容易出现情感波动，他（她）们喜欢、爱慕漂亮聪慧或阳光健康的异性，又常常控制不住自己的情绪，因而有的会陷入“早恋”或“单恋”境地，以至感情受挫而无法自拔。我对燕燕进行了劝导，建议她多参加集体活动，在集体活动中多关注群体反应，争取早一天走出情感旋涡。

摇摆不定的友情

蕊蕊和佳佳是班里一对好朋友，平时住校睡上下铺，就餐和体育活动形影不离。二人在班里的表现都挺不错，佳佳的成绩强于蕊蕊，蕊蕊整天乐呵呵的，且言必听佳佳的。

中考模拟成绩公布后，经验丰富的班主任敏锐地发现，二人的关系急转直下——看不到她们一起嬉戏打闹、有说有笑的场景了，也看不到她们一起打饭、跑步的身影了。佳佳整天一脸严肃，好像有心事；蕊蕊也沉默了很多，不再乐呵呵的。更出乎意料的是，二人同时要求调换宿舍……

我先找到佳佳谈话。没想到，佳佳刚进办公室，还没等我开口，便已经痛哭流涕，接下来就是低头不语。经过一番了解，我得知：出自单亲家庭的佳佳是个个性极强的孩子，事事要强，从小就养成了争强好胜的性格，结果同学们都纷纷远离她。幸亏她还有蕊蕊这样一个知心好友。可让她无法接受的是，这次蕊蕊的模拟成绩竟比自己高出 6 分！佳佳为此郁郁寡欢、纠结不已，蕊蕊也不知该如何是好。最终，矛盾越积越深，两人也逐渐从亲密走向决裂，双方在情感上难免产生挫败感。

我劝佳佳：为人处世，要心胸宽广，要与人为善。狭隘会使人少了温情，少了包容。我也告诉蕊蕊：世间鲜艳的花儿很多，也有带刺儿的，不必太在意！

只能看到别人不如自己，不能接受别人超过自己，即使一次也接受不了。当别人的优势显现出来，超过了自己的心理承受能力，就变得不开心。竞争社会，类似这样的消极想法有时难免会侵扰孩子，但绝不能冷眼看世界。打开心窗，才能让更多的阳光照进心房，友谊的小船才能航行得很远！

失却多年的亲情

龙龙最近陷入了苦恼之中。爸爸的朋友捎来口信：曾经离开他和妈妈的爸爸回来了。是见还是不见，龙龙有些拿不定主意，也不敢告诉妈妈。再三思索后，他找到了我，想让我帮他出出主意。

听了他简单的介绍后，我看着龙龙坚定地说：“大人之间的事，应该由他们自己去解决。你是爸爸的儿子，血脉亲情谁也割不断！”听到我斩钉截铁的回答，龙龙眼里闪烁着泪光，决定和爸爸见上一面。

那天放学后，龙龙跑回了家，把自己收拾得干干净净，然后兴奋又忐忑地去见了爸爸。爸爸第一次请龙龙吃饭，他可开心了！面对爸爸，十几年来心中的痛苦、委屈、怨恨、思念又一次被唤起，龙龙放声大哭……，失去的亲情终于回来了。

从此以后，龙龙像变了个人似的，精神面貌焕然一新，积极参加学校、班级组织的各种活动，学习成绩也有所提高。最重要的是，他不再深沉忧郁、沉默寡言，一张稚嫩的脸上扬起了灿烂的笑容。

在成长过程中，每个人都会遇到情感挫折。适度的挫折是一笔难得的精神财富，它会挑战一个人的抗压极限，会考验一个人的包容度，会使人“动心忍性，增益其所不能”。

复杂难断的手足之情

薇薇出生在一个组合家庭，爸爸带两个女儿，妈妈带一个儿子。薇薇是他们共同的孩子，也是这个新家庭中的明珠。

一天，薇薇向老师哭诉：两个姐姐在父母出差时趁姥姥不注意合伙对她搞恶作剧，在父母回来后又配合默契地掩盖一番。对此，薇薇感到很委屈。老师告诉她："在这个家庭中，你享受了很多。在两个姐姐最需要父爱的时候，你出生了。她们认为，是你剥夺了她们的父爱。你不要责怪她们，而要理解她们，与她们平等相处。你享受着今天优越的学习条件，这是他们十一二岁时想得而没有得到的，将来你长大、独立后，就会明白了。"

薇薇没想到老师会向着两个姐姐说话，但仔细想想，也觉得老师说的不无道理：两个姐姐当初确实是学习机会少、条件差……

大海里没有礁石激不起浪花，生活中不经历挫折也成就不了强者。"独一代"生活条件优越，多了些平顺，少了些锐气。然而，现实生活并不总是风平浪静的，经历挫折，反而会让人心向光明，增添一分勇气。

担任班主任工作近20年，我的学生年龄大都在12—16岁之间，正是由儿童向少年转变的懵懵懂懂的过渡阶段，他们有着自己特殊的情感世界，譬如若有若无的"爱情"、时好时坏的友情、破碎的亲情、复杂的手足之情等。当孩子们的情感世界遭遇挫折之时，我们应及时用心灵的阳光照亮他们的心海，否则就会伤害破土而出的秧苗，影响孩子未来的精神、情感走向。

（刘惠琴，河北省张家口市第十六中学）

“爱情”受挫：竭力疏导，平稳走出情感阴影

案例

无痕的共情疗法

活动课一到，操场上立刻欢腾起来——跑道上跳绳的，球场上踢球的，乒乓球台旁大力挥拍的……，欢笑声此起彼伏。我也加入进来，兴致盎然地绕着跑道慢跑。当跑到操场拐角时，我看到小轩独自坐在香樟树下，低埋着头，一只手紧紧抱膝，另一只手拔起一棵小草，抛远；又拔起一棵小草，再抛远……

“小轩，怎么一个人坐在这里？想什么呢？”我朝他走去，边走边问。

“没……没想什么！”见我突然走来，他有些慌张。

“你可是个狂热的足球迷啊，活动课不去踢球，却躲在这里发呆，肯定有事啊！”我感觉事情没那么简单，便追问道。

“我说没啥就没啥！”他狠狠地甩开手上的小草，“呼”地一下站起来，迈开大长腿，一转眼就跑到踢足球的人群里，跟着踢起球来。

小轩可是学校出了名的阳光少年，今天的表现有点儿反常。我疑惑重重，决定打探一番。我旁敲侧击地询问他的好友，浏览他的 QQ 空间内容，观察他近期的种种表现……经过一周的摸底排查，我终于明白——小轩“失恋”了！

曾经年少时，我也有过情感懵懂的时候，也遭遇了老师苦口婆心的劝告和双方父母的围追堵截。虽然现在想来觉得有趣，可我也深深记得自己当时那种不想言说的无助。因为经历所以懂得，因为懂得所以包容，我决定为小轩做些事。

家人关爱，适度体察负面情绪

我在电话里向小轩爸爸说了小轩的事，没想到，小轩爸爸竟然很高兴，原来他更担心的是儿子“早恋”，而不是“失恋”。我连忙给他泼了盆冷水：“小轩正处于青春期，他的身心发育还没有成熟。我们一定要注意体察和引导，防止负面情绪扩大甚至恶化。”

于是，针对小轩自尊而又自信的性格，我们共同商量出一套家庭应对措施。

说破不点破

家长主动陪小轩一起看电视剧《小别离》。在剧中李想和朵朵疑似“早恋”，家长可以边看边和小轩聊聊相关情节，适时引导小轩思考：“如果剧中人是你，你会怎么做？”“‘早恋’的利弊有哪些？”“如果你失恋了，会怎么办？”借助这些讨论，沉淀孩子的思想情绪，让他明白：自己所经历的一切，很多人都曾经历过，也包括他的父母。这个年龄段的孩子喜欢上异性很正常，“失恋”更正常。因为这样可以让他们发热的头脑冷静清醒下来，检点自己的言行，从中吸取经验和教训。

关心多一点

家长在学习和生活上多关心小轩一些，抽时间多陪他一起跑跑步、踢踢球，周末安排全家短途旅行，让小轩在这些亲子活动中感知父母的温情和陪伴，感知随着年龄增长，他会走向更广阔的世界，遇到更有趣、更出色的人，体验更精彩、更绚丽的人生。而目前阶段，他要好好积蓄力量，准备遇到未来更优秀的自己。

学校活动，合理释放负面情绪

有了家庭的关爱，小轩也许能逐步想通，但我还要给他一个释放的渠道，让他把不想言说的失望、沮丧等情绪发泄出来。于是，我联合体育老师和其他年级组的老师组织了一场足球 PK 赛，让喜欢足球的小轩有展现自己的机会。

果然，小轩全力以赴地投入每一场比赛中，停球、传球、射门……，灿烂的笑容又出现在他的脸上。我暗自欢喜：那个阳光少年又回来了。

每个孩子特别是男生都希望自己能够像英雄般地存在，都愿意接受别人的掌声和赞美，不愿意向别人承认自己的无奈和渺小，那就给他一个机会向别人证明自己的勇敢和才干吧，他一定能够在钟爱的运动中收获快乐，也能在运动的酣畅淋漓中消除掉所有的手足无措。

电影感悟，充分转化负面情绪

每月的电影鉴赏课到了。这次，我特意选择了描述青春期男孩女孩特殊情感的电影《怦然心动》。看完电影后，我们一起讨论那棵树对于朱莉的特殊意义，讨论电影拍摄中人物视角的灵活切换，讨论朱莉关注自我的感性思维和布莱斯在乎外界评价的自我克制；讨论外公毫不吝啬地向外孙布莱斯表达自己对朱莉的欣赏之情，父亲却处处诋毁贬低朱莉一家以掩饰自己错失梦想的遗憾……。最后，我们共同归纳出这样几条观影感受。

- 只有站得高，我们才会有广阔的视野，看到别人可能看不见的风景。我们怎样才能让自己站得更高呢?
- 我们听到的、看到的不一定就是真的，不要急于得出一个结论，不妨再等一等。
- 我们应该坚持自己的爱好和梦想，这可以给我们的心灵带来更多力量。

……

看着和同学讨论正欢的小轩，看着教室里朝气蓬勃的“小轩们”，我释然地笑了。

陷入情感挫折中的孩子总是敏感的，那就不要去点破。孩子心中“不设防”，我们也“不进攻”，只给他温暖，给他发泄情绪的场合，给他冷静思考的机会。没有简单的说教，只有多维的共情，似雪落春泥，悄然入土，孕育和滋润着生命。谁说“情殇”不会变成情商呢?

（古良梅，卞郑星，江苏省苏州外国语学校）

孩子，不是所有的关心都是爱情

2014 年，我带一个高二班。一天放学后，班长小阳找到我，说：“老师，咱们班的小丹平时不爱和其他同学交流，我想帮助她，所以就对她关心多了一点儿，可是她好像误会了我的意思，认为我想和她谈恋爱。于是，我赶紧疏远了她，结果她现在更孤立了，学习状态非常差，而且经常给我写情书，说我始乱终弃，还说了一些厌世的话。老师，您快帮帮她，也帮帮我吧！”

确实，小丹最近的状态非常不好，上课总低着头，成绩也在下滑。中午课间活动时间，我找到小丹，关心地问道：“小丹，你最近状态似乎不太好，出什么事了吗？”她没有回答，而是轻轻把脸侧过去，眼泪“唰”地流了出来。待情绪平复后，她对我说：“老师，我失恋了，我被男朋友抛弃了。”

我故作惊讶地说：“‘早恋’可不好，是会影响学习的——”

没等我说完，她便截断我的话，说："老师，我都是高中生了，这不该叫'早恋'，是恋爱。就算是违反校纪我也不回避！"

见她如此坚定，我话锋一转，说："好吧，可是你确定你所遇到的是爱情吗？"

她坚定地说："是的！"

看来这次谈话解决不了真正的问题，我就让她先回教室了。

下午，我在学生资料库里仔细查询了小丹的家庭情况：她爸妈常年在外打工，小丹一直跟着奶奶生活，除了重大节日，平时基本见不到父母。在她上初中时，奶奶去世了，她就一直在学校寄宿。后来，我又找到小阳等几个班干部，进一步了解小丹在学校的情况，大家共同反映：小丹朋友不多，不善交际，且多愁善感。

在了解了这些情况后，我基本可以断定，由于长时间缺少家人的陪伴与呵护，小丹对班长突如其来的关心异常依赖，错把班长的关心当作了爱情；而班长为避免误会加深，选择"敬而远之"，让她产生了"失恋"的强烈感伤。于是，我赶紧召开班委会议，商定帮助小丹走出阴霾的办法。

经过讨论，我们决定：以班长小阳为首的男生小组，轮流帮助小丹的学习和生活，要让她意识到男女生互相帮助是一件很正常的事情；以团支书小琳为首的女生小组，多和小丹交流谈心，及时关注她的情绪变化，并且观察她的爱好与特长；而我则和她的家长进行沟通，希望他们有时间多陪陪孩子，哪怕平时多打个电话也好。

在大家的共同努力下，小丹的状态逐渐好转了，她内心的伤口正在一点点愈合。看着她一天天开朗起来，我无比高兴。为进一步巩固已有成果，我特意将班会安排在小丹生日那天。班会临近结束时，我突然说道："现在离下课还有十分钟时间，我听说咱们班的小丹会表演魔术，能不能请她为大家表演一下啊？"只见小丹微笑着起身，大方地要起了"手法"。在同学们的惊呼中，她笑得异常灿烂。

待小丹表演完毕，全班同学报以热烈的掌声。我笑着说："小丹的表演真精彩，其实今天还是小丹的生日呢，让我们祝她生日快乐！"掌声再次响起。小丹感动不已，眼角挂着泪滴。这时，我的手机铃声响起，我边拿起手机边说："本来学校规定老师上课期间不许接电话，但是今天我要破次例！"随后，我按开免提，电话那边传来一个男性的声音："王老师好，同学们好，我是小丹的父亲，希望我最亲爱的女儿生日快乐，天天快乐！"

小丹被我"量身打造"的意外惊喜深深感动了，她连忙接过手机，激动地说："爸爸，我很好，我在这里很快乐，身边的老师和同学都像亲人一样，请您放心！"

在温馨的感动中，同学们再次送上了掌声，这掌声是为小丹走出了阴霾，更是为我们温暖如家的班集体。

（王青生，河北省泊头市第一中学）

亲情受挫：家校联动，力争解开矛盾心结

特别的爱给特别的你

周一收家校练习册时，班长报告说小梁的家长没有签字。问及原因，小梁没有说话，只是用无奈的眼神望着我。我没敢多问什么，因为我知道他的情绪异常敏感、容易波动——一次，一道简单的数学题他接连改了两次，可由于计算错误还是没有过关。同桌不经意地说了句："这道题你也不会做吗？"结果，他听了便号啕大哭，说同桌在嘲笑自己。

后来，我了解情况得知，小梁出生仅几个月时，父母就外出打工，他一直跟着卖菜的爷爷奶奶生活。大多数早上都是由爷爷骑摩托车送婆孙俩，小梁先陪奶奶卖会儿菜，然后去上学，奶奶继续卖菜，直到放学时爷爷再

把他们接回去。

任教多年，我遇到不少类似小梁的学生，这是农村学校中的一个特殊学生群体——留守学生。在缺少父母关爱的环境中，这些留守学生的心理、习惯、自觉性等都受到很大影响，导致他们不同程度地产生了任性、冷漠、自卑、郁闷、敏感、孤独、不安、胆怯等不良心理。情感脆弱的他们，忧心忡忡，多疑多虑，对周围的环境敏感，微小的刺激就会引起紧张反应；他们很在意别人对自己的看法，总喜欢把什么事都往自己身上扯，总觉得别人都在议论自己的不足和不是，受不起一点儿打击；他们常常处于自我贬低、否定的消极心理状态中，担心自己的缺陷或过失暴露在他人面前，从而挣扎在自卑中不能自拔。

作为班主任，我深知教育和引导好这些需要特别关爱的留守学生是自己义不容辞的责任。于是，我决定帮助小梁走出亲情缺失的阴霾，积极地学习，健康地成长。

我给小梁家长打电话，向家长说了孩子现在的问题以及对父母亲情的渴望，并与家长一起商量教育孩子的方法。我告诉他们：作为父母，不能因为无法照顾孩子就产生负疚感，然后简单盲目地采取“物质 + 放任”的方式进行补偿；父母需要经常与孩子谈心，多了解孩子的情绪动态，多给予孩子心灵关爱；不管多忙，起码每周末要给孩子打电话进行沟通，决不能“赚了票子却误了孩子”。家长听后，非常配合地采纳了我的建议。于是每到周末，等候爸爸妈妈的电话成为小梁最向往、最幸福的事。本打算年底才回家一次的父母，国庆节时也回家看望儿子，并特意在家多陪伴了他几天。看着小长假归来后的小梁满脸洋溢着的快乐幸福，我们师生俩会心一笑，我打心底里替他高兴。

此后，我对小梁格外关注。他热爱劳动，我让他担任班级卫生委员；他朗读水平不错，我经常让他范读课文；他爱好体育锻炼，我建议他参加跳远比赛；上交家校练习册时，签名的空白处，我会替他写上父母的名字……。由此，小梁和我也亲近了许多——他会让我在下班回家时给他捎带一些文具或者日用品，会兴奋地拿着课余写的作文让我看，会用我的电话和爸爸妈妈说话，还大声地告诉他们是李老师的电话……

看着小梁如今灿烂的笑容，我感到欣慰极了。

（李玉霞，湖北省宜昌市长阳县磨市镇救师口小学）

友情受挫：积极调适，友谊之舟方达远方

“亲密有间”才能使友谊的小船驶向远方

垚和艳吵架了，我怎么也不敢相信。她俩是好闺蜜，平日里形影不离，就连上厕所也是手拉着手，怎么会吵架呢？

我把垚叫来问缘由，垚气愤地说：“我只不过偷看了她几页日记，她有必要发飙吗？还把我的书扔了一地，平时她还和我分享小秘密呢，真是‘友谊的小船说翻就翻了’！”

我一听便明白了，吵架的根源是她们的关系太过“亲密无间”了。于是，我劝垚说：“矛盾大都是由于太过于亲密才会产生，如果你和艳‘八竿子打不着’，你还会和她有矛盾吗？但是任何人都是不同的个体，即使关系再好，彼此间也会存在差异，所以在交往时保持一定的距离还是很有必要的。”

垚呆呆地看着我，似乎没有完全理解。我继续说道：“冬天里刺猬要彼此靠近取暖才能生存，但是靠得太近，身上的刺又会伤害对方，于是它们必须保持合适的距离，既能相互取暖又不会伤害对方。这就是心理学里著名的‘刺猬效应’。你俩就像两只小刺猬，总觉得亲密无间，什么都可以彼此分享，结果是刺到了别人，伤害了自己。其实每个人都有不想和别人分

享的隐私，一旦被别人私窥，自然会非常气愤。因此，艳的反应是正常的。换位思考一下，假如你不想与人分享的隐私被人偷看，你会是什么反应?这一点你应该予以理解。在以后的交往中，你一定要吸取教训，多注意交往中的度。要记住，‘亲密有间’才能使友谊之树长青。”

听到我这番话语，垚若有所悟地说：“老师，我错了！我这就给艳赔礼道歉去。”

我建议道：“艳正在气头上，无论你说什么估计她都听不进去。还是由我出面和艳谈一谈，争取和平化解。等过一段时间，大家都冷静下来，你再给她道歉，也许这样会好一点儿。”

一周后，我发现垚和艳和好如初了，校园里又能看见她俩形影不离、甜蜜说笑的身影了。我把她俩叫过来，故意逗她们说：“我得给你俩来桶冷水浇一浇才好，否则你们再这样‘亲密无间’，以后还会吵架的！”

“不会了，老师！听了您的话，我们才明白真正的交往之道。我们保证，无论遇到多大的风浪，我们友谊的小船也不会翻了！”她们笑着说道。

（孙红旗，河南省襄城县十里铺镇初级中学）

突遇挫折：及时介入，避免负面情绪蔓延

“乒乓男孩”的囧事

小龙是一个文静内向的小男生，平时不爱说话，一说话就脸红。直到去年，学校增设了乒乓球校本选修课，小龙自此便迷上了打乒乓球。在体育老师的指导下，经过一年多的训练，小龙的球技崭露头角，成为全校有

名的“乒乓男孩”。与此同时，课堂上的他能积极回答问题，生活中的他也变得活泼自信了。

然而，从县中小学生乒乓球比赛回来之后，我发现小龙不打乒乓球了，而且总是一副无精打采的样子，课堂上不举手了；每天下午最后一节的课外活动，他也总是独自呆站在操场一角，或者无所事事地走来走去，用脚踢着地面。

我找到体育老师了解情况，体育老师一脸无奈地向我介绍了比赛经过。原来，小龙之前没参加过大型比赛，所以一到赛场就开始紧张。尽管老师一再安慰他放松心态，不要过于在乎比赛成绩，可小龙还是紧张得直冒汗。因此，他在比赛中打得很被动，第一局以微弱差距落后对手。第二局刚开始，由于太紧张，手心出汗打滑，小龙手中的乒乓球拍像手榴弹一样飞向对手，而对手的一句调侃让小龙无地自容，本来心理脆弱的他，更无法全身心投入比赛了。于是，双方比分渐渐拉大。慌乱中，小龙连续失误——尤其是比赛到局点时，他的一个反扣，球直接打在网架上，反弹后又落到地上，没站稳的小龙一脚正好踩在乒乓球上。这滑稽的一幕，引得全场观众一片哄笑。突如其来的场面让体育老师也觉得异常尴尬，下场后没好气地对小龙说：“怎么搞的？会不会打球？”

听完体育老师的叙述，我能想象出当时的场面确实挺囧的，但我更知道，对于一个正值青春期的孩子而言，这样的囧事肯定很伤自尊。特别是对内向的小龙来说，在情感上更是一次不小的挫折打击。

怎样才能赶走小龙心里的阴霾呢？经过反复思考，我决定先找他聊聊。

第二天上午自习课，我借帮我整理图书的理由让小龙到图书室，因为图书室的安静氛围能让小龙在心理上比较放松。开始的交流并不顺利，小龙一直不说话，一只手不停地搓着大拇指。

面对沉默的小龙，我理解他此时的心情，便讲了自己小时候的一件囧事：“我小时候家里比较穷，几分钱的冰糕对我来说都是奢侈的美食。看到别的孩子吃冰糕，我心里异常羡慕。有一次，有外校老师要来听课，数学老师说谁回答的问题多，就奖励谁一支冰糕。回答问题是我的强项，我暗自高兴，心想甜甜的冰糕非我莫属了。讲课那天，教室里坐满了听课的老师。我有点小激动，又有点小紧张。当听到数学老师说‘上课’后，作为班长的我连忙喊道：‘起立，冰糕。’结果，同学们哄堂大笑。那一刻，我羞愧难当，真希望有个地缝钻进去。”

我在讲故事时，小龙一直在认真地倾听，当听到“起立，冰糕”时，他也禁不住笑了。看到小龙羞涩的笑容，我借机说道：“傅园慧虽然没能在奥运会中获得金牌，但是她的‘洪荒之力’却向人们传递了一种快乐的正能量，从而让人们记住了阳光自信的她。想一想，我们的故事应该以怎样的方式呈现在‘朋友圈’里呢？”

果然，我的共情教育产生了效果。随后，小龙不但向我讲述了自己的赛场囧事，更与全班同学进行了分享。更重要的是，在“我的囧事我做主”主题班会中，我组织全班学生互相分享生活中的一些囧事，将自己的尴尬与挫折以另一种方式呈现，从而收获了阳光与自信。

于是，我们欣喜地看到“乒乓男孩”再次信心满满地出现在乒乓球场上。

（刘勇，山东省东营市利津县北宋镇实验学校）

别让眼泪再飞

周末放学回家路上，与我同住一个小区的小涵默默地走在我前面。平时她看到我时肯定会娇滴滴地喊一声“杨老师”，然后张开双臂像小鸟一样向我飞来。但是今天，她却只顾埋头往前走，难道有什么心事？“嗨，宝贝，怎么不理我了？”我主动打招呼。孩子停了下来，但并未转身。我走到跟前，才发现她竟然泪流满面，眼睛红肿，脸蛋冻得像苹果一样红彤彤的。“怎么了，出啥事了？”我吃了一惊，赶紧询问。这下，她哭得更厉害了。难道是因为？我突然想起放学前公布征文获奖的事，便问道：“因为作文没得奖？”结果，她哭得更大声了——还真是因为这事！

小涵是我们班的班长，也是大家公认的小才女，尤其是作文，写得“顶呱呱”。但小家伙有“公主病”——情感特别脆弱，受不了一点儿挫折。谁比她分数高了，要掉眼泪；和同学发生小矛盾，要掉眼泪；老师善意提醒她，也要掉眼泪。上次，因为没有当选旗手，她哭成了泪人儿。可话说回来，小涵参赛的那篇征文《酸甜苦辣话考试》写得真是非常棒，把自己对考试的认识、感受写得淋漓尽致，一看就是下了功夫的。文章没得奖，我也没想到。

“还记得咱们得到稿费的那几篇文章吗？”小涵还是不吭声，继续“悲恸欲绝”着。“得不了奖没关系呀，老师帮你投稿，咱们挣稿费！”二年级时，她的一篇童话故事发表，得到 15 元稿费，让其他孩子羡慕不已。这两年来，她在各级各类报刊、儿童读物上已发表十余篇“大作”。因为有了这些成功的体验，所以小涵很在乎每一次活动，成了班里获得荣誉最多的学生。没想到，在荣誉光环的包围下，她越发把一切看得太重。自尊心尤其强，只要稍稍不如意，就会泪水涟涟。我意识到：这孩子被我“宠坏”了，以致情感太脆弱，受不了一点儿挫折、打击。

小涵继续抽噎着。“你太脆弱了，一点事儿都抗不住怎么行？全校 200 多人参加，只有 15 人获奖，又不是就你没得！”对于这个争强好胜但又情感脆弱的孩子，我决定不再遮遮掩掩、好言安慰了，而是直截了当地指出了她的缺点：“你才上小学，遇到一点儿挫折就受不了，那怎么成？以后进入中学、大学，走上社会，竞争会更激烈。山外有山，人外有人。比你优秀的人多了去了，被别人比下去，难道还要把自己哭死不成？”小涵仍是咬着嘴唇不说话。我继续说道：“收起你的眼泪，别让它再肆意飞了。在以后的日子里，会有许多困难挫折考验你，你需要一一应对，而不是一味哭泣，眼泪解决不了问题。作为班长，没有一点儿担当怎么行？”我扶着她的肩头，看着她的眼睛严肃地说。

接着，我又给她分析了情感脆弱的种种弊端，向她传授了应对挫折的几种办法。她始终不说话，不过慢慢停止了哭泣。“你打算回家继续哭给爸爸妈妈看吗？”我改变了语气。见她摇摇头，我顺势鼓励道：“这就对了，多大点儿事啊？”

周一，小涵将下周升旗的旗手名单交给了我，并笑着对我说：“老师，我想把机会让给别人，我已经当过旗手了。”我们相视一笑，快乐溢满了她白嫩的面庞。

看来，那天的谈话奏效了。

（杨丽玲，甘肃省酒泉市南关小学）

学生情感遇挫后的教师角色

第一，做好聆听者，不做传播者。学生能够把自己的情感挫折经历告知老师，一方面需要有极大的勇气，另一方面也体现了对老师的充分信任。老师应给予学生充分的时间倾诉内心的想法，认真聆听学生讲述，观察学生倾诉过程中的神情状态，以便更好地为其出谋划策。同时，教师应尊重和保护学生的隐私，不把学生个人的经历有意无意地散播给家长、同事和学生，以免给倾诉的学生造成二次伤害。

第二，做好疏导者，不做添堵者。学生的感情挫折缘由可能是多方面的，教师应针对具体情况做好学生的情绪疏导工作，或转移注意，或打开心结，让学生能够尽快恢复良好的心态，迎接新的学习和生活。切勿在学生出现挫折时说一些不合时宜的话语，如“我早就提醒你了，你看现在怎样”等，这样不仅不能缓解学生的不良情绪，反而是在学生伤口上撒盐，更可能恶化学生的情绪。

第三，做好提议者，不做决策者。学生的生活阅历毕竟有限，遇到挫折求助教师时，教师应以参谋的口吻提出合理建议，不应以决策的口气做出决断。可以采用“我建议，你可以……”“如果是我，我会这么做……”等语言表达方式，切忌用“你得这么做……”“你必须……”等命令式口吻。让学生在温馨、平等的语言环境中，通过自身的分析判断，做出内心的抉择，从而更好地面对遇到的挫折。

（全建华，福建省宁德市民族中学）

走过人生拐角，又见阳光

——当学生遭遇情感挫折时的应对策略

从心理学角度来看，情感挫折是一种情绪状态，是指个体在从事有目的的活动过程中，遇到障碍或困难致使动机不能实现、需要不能满足时产生的紧张状况或情绪反应。由于学生的心理健康水平和心理成熟程度不够，更容易因一些琐事陷入情感挫折。如因父母严厉或唠叨感到无奈；因老师时常批评感到自卑；因好朋友有了新伙伴感到生气；因心仪的异性不在意自己而感到气愤；等等。当学生在情感方面遇到挫折时，如果不能及时调整，一方面可能陷入人生的迷茫和失望中，降低学习效率和生活热情；另一方面，这些负面情绪还可能成为其性格特征的组成部分，对其个性的形成和发展产生严重后果。此时，如果我们班主任老师能引导学生积极面对情感挫折，正确应对，则能帮助学生获得成长，从而顺利地走过人生拐角，又见阳光。

一 遭遇情感挫折的原因

1. 心理因素

首先是自卑心理，这是学生遭遇情感挫折的主要原因。自卑心理是一种过低的自我评价，学生在浅层次的感受是别人看不起自己，不愿与自己交往，而深层次的体验则是自己看不起自己。有自卑心理的学生在与人进行情感交往时常常缺乏自信心，处事过分小心谨慎，畏首畏尾，焦虑、敏感、多疑、孤僻；在社交场合一般不是主动积极参与，而是消极被动，过于警觉，极易受挫。有自卑心理的人往往无法控制自卑情绪，会无意识地夸大自己的缺失，有时甚至会想象出很多自己并不存在的缺点；有自卑心理的人还总喜欢用自己的弱点和别人比较，不能认真思考别人对自己的期望，也不能客观理解他人的评价。久而久之，他们会逐渐失去信心，觉得自己没什么能做对，对于一些稍微努力就能达到目标的任务也会轻而易举地放弃。

其次是自负心理，它是一种以自我为中心的表现。一些人由于在成长过程中一帆风顺，没有经历过坎坷和挫折，因而不能全面客观地认识自己，常常只看到自己的长处，以己之长比人之短。有自负心理的学生往往有着异于常人的优越感，总觉得自己优于别人，在与别人相处的过程中，处处为自己着想，注重自己的内在感受，考虑自己的切身利益和实际需求，无视他人的存在，忽视他人的利益和价值；在与同学交流时，他们也常常只注重自己的感受，不考虑他人的情绪，自己心情愉悦时，侃侃而谈、自我膨胀；心情不好时，闷闷不乐或乱发脾气。自负的人一般又有很强的自尊心和好胜心，在小事面前都可能过分地争执，小小的挫折就容易让他们感觉自尊心受到挫折。自尊心过强，会使别人敬而远之，自己却浑然不觉，不知不觉中就受到了情感挫折。自恋或过分自尊的人更不容易接受情感的拒绝，更容易觉得委屈和愤怒。他们往往具有绝对化的认知信念，认为自己对别人好，别人就必须对自己好。

当然，上述心理因素一方面来自学生的人格因素，更多的则来自学生的生活环境、所受的教养方式以及所遭遇的人生经历。

2. 生理因素

生理上的成熟，特别是性器官的成熟和第二性征的发育，必然会导致性意识的萌芽与觉醒，导致对异性产生向往、追求和爱慕的情感。学生在小学高年级和初中低年级阶段会处于异性疏远期，在这一阶段，学生产生朦胧的性意识，觉得两性关系充满了神秘，男女双方在内心深处出现愿意彼此接近的倾向，不过，由于性的自然性与社会性之间的矛盾（如想接近异性，又担心自己与异性接触会引起别人的耻笑或议论），此时的青少年在异性面前常常显得局促不安，心存戒备。随着性知识的积累和与异性交往的增多，男女之间产生情感吸引，有了接近彼此的需要。所谓的“早恋”常常是在这段时间出现的。但这种爱慕的基础不够牢固，爱慕的对象也不专一、不稳定，其性意识大多停留在内心活动，并通过折射的方式，不知不觉地表达出来。这一阶段的青少年往往由于分不清好感与爱慕的区别，因而产生各种苦恼，也易遭受情感挫折。

 学生遭遇情感挫折后的调试

情感挫折所造成的内心痛苦和心神不宁的情绪，使个体进入一种特殊的激动与紧张状态，甚至影响正常的学习和生活。所以，个体尤其是以学业为主的学生在遭受了情感挫折后，应勇于面对、接受现实，冷静剖析自己“失恋”、失去好友、受到老师或父母批评的原因，积极吸取经验教训，化“危机”为“转机”，丰富自己的人生阅历。面对这样的学生，更需要老师和家长进行正确的教育引导。

1. 冷静思考，探析原因

心理学认为，当人受到外界刺激、情绪不能自主时，排遣这种情绪的关键就是冷静和理智。情感受挫后，不妨静下心来回忆一下整个情感交往过程，从自身、对方、环境等多方面客观地分析情感受挫的原因，认真总结经验教训。如果是因为自己的不合理信念造成的情感挫折，如认定“我对你好，你就必须对我好”，那就要调整信念，对别人多一些“理解”和“允许”，允许别人用他的方式对待自己。只要自己心中有阳光、有自信，就能很好地应对情感挫折。如果是因为自己交友不当而致情感受挫，就应该客观地评价自己、调整自己的标准；如果是对方的问题，就更不应该丧失信心与勇气，而应该站在对方的角度换位思考，多一分理解与宽容。

2. 直面现实，解脱自我

有些学生没有勇气正视情感挫折，试图用各种理由麻痹自己、自我隔离，产生严重的挫败感；有些学生则自欺欺人，否认情感挫折的存在。既然情感挫折已成定局，那么一味沉溺在回忆中，只能让自己的心情定格在痛苦的频道。与其这样痛苦，不如从痛苦中振作或奋起。走出情感挫折阴影、积极自我解脱的方法有很多：找到自己应该专注的方向，做自己应该做的事，将对方的拒绝或批评看成自己成长的机会，看到自己的不足，塑造更优秀的自己；到大自然中享受它的静谧，还心灵一方净土；拓展兴趣、爱好，积极参加体育锻炼，在丰富多彩的活动中冲淡痛苦；投身温暖的集体怀抱，增强与人交往的经验；明确自己的目标，化悲愤为动力，向理想迈进。

3. 坚守道德，志向高远

任何情感都是两个或者多个人共同经营的产物，若中途出现不和谐插曲，也会使大家都受到一定影响。所以，片面地责备别人，甚至在关系破裂之后，成为“不共戴天”的仇敌，失去理智，产生报复心理，只能徒增烦恼，是非常不可取的。例如，受到老师批评，就不再听老师的课；因反感父母而心生叛逆；因朋友离开自己而耿耿于怀，无心学习，心生恨意。有人说，情感挫折就像是一块试金石，一个人的思想、道德、情操、意志如何，在它面前都会暴露无遗。那种因为情感挫折而失德、失志的人，是生活的懦夫；通过情感挫折，懂得与人交往的道德价值内涵的人，才是生活的强者。

4. 积极行动，提升耐性

每个人的耐挫力是不一样的，特别是在遭遇情感挫折后所表现出来的反应也是不同的。教师要培养学生的耐挫力，就要陶冶学生的性情，让他们树立正确的挫折观。教师可以创设一定的教育环境和教育氛围，让他们模拟经历一些情感挫折，懂得“逆境奋进”；让他们了解情感挫折是人与人之间交往难以避免的现象，具有普遍性和必然性，而且遭遇情感挫折不仅有客观原因，也有一定的主观原因。教师还要注意发展和保护好学生的积极情绪，为学生创造良好的“心境”。“心境”是一种有渲染性的、不太强烈而具有持续作用的情绪状态，它使学生的整个心理活动都染上某种情感色彩。

教师在帮助学生发展积极情绪的同时，还要引导他们学会对消沉的情绪进行自我调节：积极地向师长和好友倾诉，听听他人的建议，同时可以积极地与引起情感挫折的对方进行沟通，听取对方的理由，理解对方，表达自己的感受和情感，说出自己的期望，圆满地化解交往矛盾，处理好情感挫折。例如，父母总是只关注自己的学习成绩，成天唠叨，令人心感烦闷，可以积极主动地与父母沟通，告诉父母自己理解他们的关爱和良苦用心，但整天听到这样的唠叨，心里真的很烦，影响心情和学习效率，希望父母能给自己更多的理解和关爱。

学生只有在挫折中成长，才能学会对抗挫折的技能。教师要抓住时机，给予学生爱心和耐心，提升他们的耐挫力，使他们早日成熟。

5. 尊重倾听，授之以“渔”

青春期是个体内心“巨浪翻涌”的时期，同时也是自尊心强、神经敏感的时期，我们要尊重学生的人格、情感和隐私。当学生向老师倾诉种种情感挫折时，尤其是遇到男女生交往的情况时，切忌一味指责，更不能动辄羞辱甚至体罚。因为这样做，一方面会给学生带来深深的罪责感与羞辱感，影响其日后的学习和生活；另一方面可能强化学生的逆反心理，致使其重蹈覆辙。因此，教师和家长要真诚地尊重学生，倾听他们的情感挫折，并对学生如何处理情感问题做出指导。这里的指导并不是居高临下、空洞的说教，而是教师、家长以自己的经验和切身体会与孩子进行交流，从内心产生共鸣。具体来说，要结合学生个人兴趣与爱好，帮助其走出情感挫折的困境，重新树立远大的理想和目标，培养其事业心与责任感，激发其内在的成长欲望，进而将自己的情感挫折暂时“冰冻”起来，跳出情感挫折的漩涡。同时，提倡男女生正常交往，互帮互助，珍惜纯真、友好的感情；鼓励男女生积极参加集体活动，减少对异性的好奇心，使学生有更加积极健康的情感体验。

学生在学习生活中出现各种情感挫折是难免的，身为老师，我们要及时了解学生在遭遇情感挫折时的心理状态和想法，可以在班会或集体活动中给予含蓄的鼓励和点拨，用集体的力量来影响他们。学生在情感受到挫折以后，往往情绪多变、不稳定，这种情绪还有传导性，同学之间朝夕相处，一个人的情绪会受到他人情绪的影响，也会影响周围的很多人。教会学生一些自我调节的具体方法，有助于他们更积极地应对各种情感问题。

第一，发泄法。情感受挫后，不要把不良情绪压抑在心里，而要通过合理的方式，将情绪发泄出去。比如，当与同学交往遇到情感挫折时，可以找老师或者长辈谈一谈，说出自己内心的委屈或想法，也可以向其他信得过的朋友倾诉。家长、教师一定要善于倾听，尽可能听学生诉说，让他们把自己内心真实的悲伤、烦恼和委屈合理地发泄出来。

第二，升华法。学生情感受挫以后，教师和家长要帮助他们把自己原始的需要、动机、情感、欲望投射到其他有益的活动中去，抛开各种杂念与烦恼，进行自我解脱。当学生情感受挫时，还可以鼓励他们把精力放到学习中去，以取得更优异的成绩，执着地追求新的更远的目标，使自己的发展之路得到升华。

第三，自激法。学生面对情感挫折时，教师除了鼓励学生拿出勇气面对外，还要教导他们进行自我鼓励。比如，用幽默风趣的语言和动作解释自己的行为，激励自己；找到逗趣的借口让自己开心；告诉自己未来是一片美好，重新调整心态，坚定战胜情感挫折的信心。

（夏春娣，江苏省镇江崇实女子中学党委副书记，
国家二级心理咨询师，江苏省心理专业委员会常务理事）

学生生命意识淡薄，怎么办

正视生命教育：教孩子读懂“生与死”

让生命绽放爱的色彩

“石老师，小奥又惹事了！”我刚走进办公室，班长苏妍就气呼呼地来向我报告。原来昨天小奥在玩伴的怂恿下虐待一只流浪狗，狗急了咬了他一口，他便把狗往墙上扔。

对于这种极度缺乏爱心、漠视生命的行为，我气愤不已，但我明白简单的批评教育效果不会好，让他懂得生命的可贵意义才是上策。于是，我请苏妍叮嘱小奥赶紧去医院打狂犬病疫苗和破伤风针，以免感染。然后拿出杰克·伦敦的《热爱生命》和海伦·凯勒的《假如给我三天光明》两本书，请苏妍带给小奥，让他细心研读，并以《热爱生命》为题写一篇读后感，一周后我检查。

一周后，小奥如约而至。我先询问他的身体状况，知道没事后，接着问：“你知道小狗为什么咬你吗？”“我招惹它了，它狗急跳墙。”我指着地上的蚂蚁说：“和人一样，动物也有天生的自我保护本能。别看蚂蚁很弱小，但当遭遇危险时，为了生存它能搬起超出自身重量50倍的物体，这是一种求生的本能。类似的还有……”话没说完，小奥便抢着说：“还有壁虎！当它遇到攻击时肌肉就会剧烈收缩，使尾巴断落，趁机逃掉。”我说：“对呀，动物如此珍视自己的生命，你竟然虐待它们……”小奥低着头，愧疚地说：“老师，我明白您的意思了，今后我一定爱护花草树木，关爱小动物。”

我问：“上次我让你读的两本书，你读后有什么感悟？”这时，小奥变得严肃起来，认真说道：“《热爱生命》中的‘淘金者’有着顽强的毅力和强烈的生存渴望，在与寒冷、饥饿、伤病和野兽的抗争中，他展现了生命的坚韧与顽强，令我很钦佩。《假如给我三天光明》中的海伦·凯勒，虽然是盲聋哑人，但她对生活充满了希望，饱含着生命的激情。她以坚忍面对逆境，最终掌握了英语、法语、德语、拉丁语和希腊语五种语言。她以自身的经历告诫健康的人要珍爱生命，努力实现人生价值。”“你说得很好。”我说，“他们在恶劣的环境中，敬畏生命的可贵，拥有对生命强烈的渴望，我们难道不应该学习他们这种敬畏生命、尊重生命、热爱生命的精神吗？唯有这样，才能让生命绽放爱的色彩，提升自己的生命质量，做一个有益于社会、有价值的人。”

小奥沉思了一会儿，郑重地说：“谢谢老师，我明白了。您看我的行动吧！”

（石明，北京市延庆区第三中学）

重视生命价值：别把孩子逼向生命末路

让孩子感到活着是美好的

临近中考，小美的表现与以往明显不同，变得沉默不语，胡乱花钱，颇为颓废。

我找她询问情况：“怎么这么消沉啊，学习只要尽力就行，不要有思想负担。”她苦笑。我继续开解：“是不是父母不同意你去职业学校？他们的社会阅历丰富，辨别是非能力强。你要坚信，父母永远都是为子女好，都是疼爱你的。”没想到，我说到这里，小美竟哭了，还恶狠狠地说：“他不配当父亲，我不想活了。”我惊诧万分，忙问：“怎么这样说话，出什么事了？”她悻悻地说：“我故意偷拿家里 1000 元钱，他知道后一定会打我。打死正好，打不死也可以坚定我的想法——跳楼。”我再三追问下，小美终于道出了实情：由于母亲生了两个女儿，因此在家中地位极低，经常挨父亲打骂，小美也时常遭受“牵连”。她本想到职业学校学习技术，提前工作赚钱，让母亲过上好日子。可父亲却不愿为她支付学费，父女俩为此闹翻。小美越想越难过，恨自己不是男儿身，害得妈妈和妹妹受罪，于是就有了自杀的念头。

对于小美家的情况，我略知一二，但万万没想到她会有如此极端的想法。情急之下，我打出了“亲情牌”：“如果你就这样走了，最受打击的自然是妈妈，而且会给妹妹留下阴影，如果她也效仿，那你妈妈还能活吗？你们可是妈妈的精神支柱，怎么舍得在她的伤口上撒盐？”接着，我找来一组孩子出生时的照片给她看，并引导她：“从呱呱落地到长大成人，母亲不知道付出了多少心血。我们的生命不仅仅是自己的，更是亲人的，你有责任珍惜自己的生命。”

小美看后触动很大，思想也有所松动。于是，我嘱咐几个女生看紧小美，然后直奔她家。当我和小美的父母严肃地说明问题的严重性后，她母亲大吃一惊，她父亲倒是坦然，说孩子只是随口说说。我和家长强调了家长责任的重大，小美父亲最终答应善待女儿。

回到学校，我向科任老师介绍了小美的情况，希望他们多关心小美，多和她谈心交流，让她感觉到老师的爱，早日走出阴影。我还趁小美不在时召开了班会，希望同学们多和她交流，及时了解她的思想动态，利用友情的力量挽救她，让她感受到生活的美好、生命的宝贵。另外，鉴于小慧和小美是邻居，我还专程去小慧家，请她父亲帮我一起做小美父亲的工作。

经过大家的多番努力，小美父亲开明了很多，观念也有所改变，认识到养女儿也有很多好处……。小美的脸上露出了笑容，她说其实父亲还是有很多可爱之处的，她觉得自己是幸福的，活着是美好的。

［赵凯，山东省淄博市沂源县实验中学；刘霄，山东省淄博市河湖中学（原名沂源县南麻中学）］

体验生命真谛：引领孩子感悟生命意义

从司马迁的抉择引发的讨论

一次语文课上，学生要学习《报任安书（节选）》，当我的PPT首页展示出司马迁因受宫刑而导致面光无须的图片时，学生一片哗然："哈哈，怎么像个女人啊？""嘻嘻，是男是女啊？""呵呵，太监！太监！"……

我没生气，也没制止，而是郑重地问道："同学们对于司马迁的遭遇，应该早有所闻。那么，你们知道他为什么会被施以宫刑吗？"

"是因为替李陵说话了——"有学生在底下嚷嚷。

"没错。但司马迁和李陵非亲非故，只能算是同僚，可司马迁却在武帝龙颜大怒时替李陵辩解。看来，他很爱管闲事，是自讨苦吃。"我故意这样说，想看看学生的反应。许多学生在笑。

"不是这样的……"这时，传来一句怯怯的反对声。

一个女生站了起来说道："我觉得司马迁是一个正直的人。他是一个史官，要做的就是将历史真实地记录下来，而不是随皇帝的喜好粉饰太平。他替李陵说话，也不全是出于个人的情谊，而是出于一个史官的良知和正直。"

"好！"我带头鼓掌，然后说，"司马迁替李陵说话的后果，就是触怒龙颜，宫刑加身。但是在面对屈辱地活，还是慷慨地死时，司马迁做出了自己的抉择。如果是你们，会如何选择呢？请男同学谈谈看法。"我抛出另一个需要设身处地去思考的问题。

有人说："我会毫不犹豫地选择死。因为宫刑对一个男人来说是最耻辱的。"有人说："我也选择死。宁可爽快地死，也不能屈辱地活。"大部分男生都赞同选择死。

我总结道："他肯定也愿意选择死，一个人的尊严是不容他人践踏和侮辱的。可是，他最终却选择了生，屈辱地生，卑微地生，你们能理解他内心的彷徨与痛楚吗？"

这时，有人阴阳怪气地插了句："好死不如赖活着！"一小部分人笑着应和道："就是，就是！"

我义正词严道："可是对他来说，活着不是更痛苦吗？身体的创伤，心理的创伤，还有一群外人的嘲笑……"此刻，教室里再无轻浮的嬉笑声。

我提高嗓音，语气中带着激动："同学们，司马迁在生存和死亡这个人生命题中，没有选择简单地死、慷慨地死，而是选择了活，即使在别人看来，是屈辱地活、卑微地活。为什么？答案就是——《史记》，这一部太史公用生命铸就的史书。"我接着说道："尊严，是一个人支撑起自己肉身的骨架；信念，更是一个人安身立命的本源。因为尊严，我们在生死之间，痛苦地选择死；因为信念，太史公在生死之间，艰难地选择了生。同学们，让我们做一个自尊自爱、胸有信念、顶天立地的人，一个大写的人，这才是生命存在的意义啊！"

话音未落，学生们爆发出热烈的掌声。我知道，此时，他们都懂了！

（张海聪，浙江省宁波市鄞州区华光学校）

让学生在活动中体悟生命

空洞的说教不能真正触及学生的心灵，激不起学生情感的波澜，而角色扮演法可以让学生在体验中快速获得经验。我就是通过以下活动对学生进行生命教育的。

在角色体验中感受生命的来之不易

“护蛋”行动

我在班里举行了“我是护蛋小天使”活动。让每个学生准备一只生鸡蛋，并将这只蛋视为自己的宝宝，每天带在身上，一周后，看谁的蛋宝宝能完好无损，就能被评为“护蛋小天使”。同时，我还让学生每天写护蛋日记，记录自己的真实感受。

几天后，学生的日记中有了丰富的内容：“看到陈琦的鸡蛋破了，我很担心我的蛋宝宝会不会也是这样的下场。下课了，我坐在座位上，不出去玩，保护着我的蛋宝宝。同学们笑我快要成为母鸡了。母鸡就母鸡吧，只要鸡蛋不碎，干什么都行。”“今天是护蛋行动的最后一天，我越发喜爱我的蛋宝宝了。下课了，我去倒水喝，张明阳推了我一下。不好，我的蛋宝宝！我心里一阵紧张，拿出来一看，我的蛋宝宝碎了。我心里很难过，流下了伤心的泪水。”

一周后的评选活动中，有 8 名同学被评为“护蛋小天使”，还有几名女生为自己没能保护好蛋宝宝而流下了伤心的泪水。我适时总结：我们每个人的生命就犹如这一枚小小的鸡蛋，需要用心呵护，千万不要打“碎”了，因为生命只有一次，不可能重来。所以，我们平时要注意安全，珍爱生命。

学生在护蛋行动中用心去体验、去感悟，心中有了牵挂，心灵受到了触动，也体会到了母亲怀孕时的喜怒哀乐，体验了父母的艰辛，培养了责任心。用类似的方法，我还让学生扮演怀孕母亲，体验生命来之不易。这种“润物细无声”的体验是真实的、深刻的、刻骨铭心的。

空椅子游戏

空椅子游戏就是运用两张椅子，要求来访者先坐到其中一张椅子上，扮演一个人，然后再坐到另一张椅子上扮演另外一个人。通过这种方法，使来访者充分地体验冲突，而由于来访者在角色扮演中能接纳和整合两种不同的角色，因此冲突可得到解决。运用此技术可以充分体验情感，将情感外显化。这样，容易使来访者了解自己潜藏深处的情感，甚至了解自己平时可能否定的一面。

对学生进行生命教育，可以让学生进行空椅子游戏。曾经有一个父母离异的学生，因一次考试成绩下降被母亲教育了一顿，情绪低落，上课看课外书又被老师没收了书，下课后她跑到二楼平台上站着不动，后在老师的劝说下才回到教室。

在对她进行辅导时，我采用了空椅子游戏，让她坐在 A 椅子上，假设 B 椅子上坐着她的母亲，让她与母亲对话，设身处地地站到母亲的角度上体验若失去她之后，母亲悲恸欲绝的心情。她哭了，觉得自己对不起母亲，表示以后要好好和母亲相处，不能随随便便就想不开。

通过角色扮演，引导学生亲身体验他人的角色，能使学生在活动中自然理解他人的处境，体验他人的内心情感，学会站在他人的角度思考问题，学会感恩父母。

在情景模拟中学会理解生命的多样性

情景模拟法就是让学生围绕中心问题来模拟表演某个场景，然后进行讨论，并以此来引导学生共同探求对人、事、物的情感、态度、价值观和问题解决策略，帮助学生形成处理问题的恰当方法与技巧。

试做盲聋哑人

在游戏中，我让学生蒙住眼睛、塞住耳朵，在教室里走路，然后分享感受，并通过介绍海伦· 凯勒的故事，使学生认识到："与残疾人相比，我们真是太幸运了，我们有健全的四肢、健康的体魄，我们应该好好珍惜现在的生活。""遇到困难时，我们要想到海伦·凯勒这样的勇敢者，学习他们不畏艰辛、勇于战胜挫折的精神，更要珍惜自己所拥有的一切，珍惜自己的生命。"

撕纸游戏

在心理辅导课上，为了激发学生对生命的敬畏，我让每个学生将自己最挚爱的 4 个人的名字分别写在 4 张纸上，然后依次撕去纸条，模拟失去亲人的情景，并说出当自己"失去"亲人时的感受。很多孩子都流着泪诉说自己体验失去亲人的真实感受和发自内心的感悟，最后在《让世界充满爱》的音乐声中，我对学生们说："同学们，失去亲人让人痛彻心扉。同样，父母若失去我们一样也会肝肠寸断。所以，我们要好好珍惜自己的生命，感恩父母。"

通过游戏，我们让学生感受到生命是珍贵的，生命的孕育和成长是艰难且存在危险的。在教育中，我们还要引导学生了解生命的意义，感受人间的温情，体验生命的真、善、美，明白成长的艰辛，从而尊重生命、敬畏生命。

（高金霞，江苏省丹阳市实验学校）

专家视点

让学生的生命之舟顺利起航

近年来，中小学生离家出走、自残自杀、伤人杀人事件屡屡见报。作为教育工作者，我们不禁要问：学生的生命意识如此淡薄，我们该怎么办？回答只有一个：开展生命教育，让他们的生命之舟顺利起航。

给他一个机会——让他去体验

只因为在人群中多看了你一眼，再也没能忘掉你的容颜。（李健）

很喜欢这句歌词，因为它说出了一个朴素的真理——世界上没有无缘无故的爱，也没有无缘无故的恨，人与人、人与物之间的情感，可能就因为“多看了你一眼”。

我生在农村，长在农村，没有人给我上过专门的生命教育课，但是我对生命充满了敬畏，因为生活给我上了最生动的一课！

小时候下地干活，不小心踩到了壁虎的尾巴，壁虎果决地断尾而去，没有丝毫犹豫，只剩下那可怜的尾巴在原地摇摆翻转。壁虎断尾求生的“壮举”，使我懂得了如何“取舍”。家里有一只温顺的老母鸡，每年夏天都要抱窝孵蛋。21 天几乎不吃不喝、不眠不休的守候，使它的毛色不再油亮，当它领着鸡宝宝出来的时候，温顺的它就变成了一个霸主，不论猫狗甚或主人，都不能靠近它的宝宝半步。这个画面，深深地印在我的脑海之中，让我懂得了母爱的伟大，懂得了生命不仅仅属于自己。

我敬畏生命，是因为看到了这些生命的精彩！

现在的孩子生命意识淡薄，不懂得尊重生命，这与他们的生活状态分不开。他们的生活面太窄，每天在家和学校之间游走，没有机会亲近自然，领略大千世界的精彩。他们没见过壁虎断尾的果决，没看过母鸡护雏的勇敢，没见过蝴蝶破茧的挣扎，没看过种子破土的神奇……

一年春天，我带学生在操场边种下了 20 棵白杨树。学生们热情很高，定期浇水，呵护备至，有的人天天去看，还要用指甲掐一掐，看树苗是否成活。班会课上，我问他们："你们知道用指甲掐破皮肤是一种什么感觉吗？请试一试。"学生们当然不去试，我接着说："树也是有生命的，你们为什么把它掐得伤痕累累呢？"学生们恍然大悟，不好意思地笑了。第二年春天，有几棵小树被调皮的孩子划伤了，一个学生着急地对我说："我们的白杨树好可怜呀，它被划得皮开肉绽，你看，白杨树的眼睛在流泪。"看着学生心痛的样子，我知道，这次植树活动成功了，我们种下的是白杨树，收获的却是"临花轻颤手"的善良与温柔。

老师们，请不要再责怪孩子了！赶快行动起来吧，给学生创造"看一眼""摸一下""试一试"的机会，让他们去体验、去感受、去表达。您很快就会知道，孩子们的情感是多么丰富细腻，他们对生命的礼敬是多么真诚虔敬！

给他一个集体，让他去依靠

也许成长的日子里，一路是坎坷荆棘，也许一路的风风雨雨，会溅上满身污泥，请别放弃别灰心，还有我们在这里。（温亮亮）

都说独生子女很幸福，但我觉得他们很可怜。孤单单一个人，在家里，没人和他玩；出去后，又不会和人玩。于是他们只能和电脑玩，但网络不是最好的玩伴，网络游戏中那些暴力的内容，在给他们带来感官刺激的同时，也在侵蚀着他们善良的心。

我曾经做过一个调查，请学生说出喜欢网络游戏的原因。有一个学生说:“我喜欢网络游戏，因为在那里可以随便杀‘人’，看谁不顺眼就可以杀掉谁；每当我感到郁闷的时候就去玩游戏，杀完‘人’之后心里很舒服。”不敢想象，如果生命的诞生或陨灭仅仅只是一次“点击”，如果杀“人”成了学生们发泄郁闷的方式，那将多么可怕！有些网络游戏确实犹如潘多拉的盒子，里面装满了恶魔。这些恶魔侵蚀着学生的灵魂，吞噬着他们人性中善良的一面。

面对网络游戏这把双刃剑，我们该怎么办呢？怎样才能把学生的心留在教室，让他们走出虚拟的网络世界重回现实呢？

有一次，学校举行歌咏比赛，要求全体学生都参加。为了取得优异的成绩，我班学生齐心协力，早来晚走，利用课余时间加紧练习。一个月过去，歌咏比赛结束了，在班级取得优异比赛成绩的同时，我还发现了一个意外收获——一个性格偏执、思想消极、上网成瘾的学生不去上网了，变成了一个开朗活泼的“热心肠”。追问原因，他说:“通过歌咏比赛，我发现同学比网友更亲切，现实生活比虚拟世界更精彩。网络游戏只能消耗时间，使人变得孤独，集体活动才能证明自己，树立自信，找到真朋友，真实的掌声比电脑上弹出的笑脸更生动……”我明白了，让学生远离网络游戏的重要方法，就是让校园生活更丰富多彩！

一个学生遭遇家庭变故，当她伤心欲绝地回到学校时，同学们围住了她，温暖的双手、亲切的问候，犹如缕缕春风，融化了她心头的坚冰，巨大的痛苦被几十个人的爱分解了。她说:“我很幸运，因为我有一个温暖的集体。”

老师们，这两个故事告诉我们，要想让学生禁得住诱惑，扛得住挫折，就要把校园变成乐园，把班级变成温暖的家。

给他一个榜样——让他去模仿

打开窗子吧！让自由的空气重新进来！让我们呼吸英雄的气息。（罗曼·罗兰）

中小学生心智尚不成熟，好奇心强，模仿力强，分辨是非美丑的能力不强，很容易受到外界的影响。

有一年，我班转来一个非常优秀的降班生。他习惯良好，成绩优异，老师和同学都很喜欢他。但第二个学期开始后，我发现他经常走神，眼里闪着一种迷离而游移不定的光，本来就内向的他显得有些孤僻，体育课他躲在操场的角落里，课间则躲在教室的角落里，本来在前排坐，非要调到后排去。他开始头痛，开始请假。我找他谈心，他除了沉默，就只有两句话："我也不知道自己怎么了。我没事。"和家长联系，家长说："不知道他想什么，他从小就不爱说话。在家里从不主动和我们说话，吃完饭就扎到自己屋里不出来。"后来的情况就更糟了，他对着阳台的窗户和他妈妈说："妈妈，我想从这跳下去。"他妈妈赶紧把他送进了医院。一年后，我收到了他的来信。他在信中说到了自己的病："老师，有一个人曾经给我讲了几个特别下流的故事，我总也忘不了，越想忘掉，那些话就越发清晰地出现在我的脑海里。我觉得自己很下流，很肮脏。"看到这封信，我惊呆了，几个下流故事，毁了一个人！由此可见，净化社会环境多么重要啊！

净化社会环境，不是学校能够做到的，但是，作为教师，我们决不能袖手旁观，必须采取限制和引导相结合的方法，引导学生阅读健康向上的书籍，树立积极向上的人生观。为此，我在班级建立了"读书角"，选择优秀的书刊供学生们阅读。学生们从贝多芬的经历中，懂得了怎样去扼住命运的咽喉；从海伦·凯勒的成功中，知道了如何去冲破命运的诅咒；从司马迁的"隐忍发奋"中，明白了谁才是真正的男子汉；从邓小平的三落三起中，知道了什么样的人才算是大丈夫；从孟子"舍生取义"的论断中，彻悟了除非为了正义，否则生命永远不可放弃！当他们懂得了挫折是人生的

必修课，失败是成功的基石的时候，就不会再漠视生命。

老师们，榜样的力量是无穷的，利用学生爱读书、擅模仿这个特点，引导他们去寻找自己的榜样，走过人生的万水千山。

给他一个家，让他去疗伤

我想要有个家，……在我疲倦的时候，我会想到它，……在我受惊吓的时候，我才不会害怕。我好羡慕他，受伤后可以回家，而我只能孤单地孤单地，寻找我的家。（潘美辰）

一个人，不管在外面遇到多么大的困难，受到多么深的伤害，只要家足够温暖，他就不会采取极端的处理方法。因为只要有家，他就有路可退，有处可去，他的人生就没有陷入绝境！

有一个学生，父母经常吵架，爸爸喝完酒就和妈妈吵架，谁劝都不听。停止“战争”的原因只有两个，一是吵累了，二是有人受伤了。小小的她很害怕，站在旁边哭泣，她多么希望受伤的是自己呀！但她无能为力。渐渐地，她厌倦了父母的争吵，每当父母吵架的时候，她就躲进自己的小屋，用指甲、铅笔、曲别针之类的东西划破自己的胳膊，用疼痛来麻醉自己。在这个不和谐的家庭中，她感觉不到生活的美好，也感觉不到生命的宝贵。她脑海里盘旋不去的就是“我怎么才能离开这个家”。不难想象，如果这个孩子在外面遇到了困难，受到了伤害，她会回家吗？很可能不会！

老师们，请告诉家长朋友们：家是人生的避风港，家是心灵的疗养院，请停止争吵和抱怨，为孩子创造一个温暖的家，当孩子疲倦的时候、害怕的时候、受伤的时候，可以回家！

给他一个出口，让他去突围

我是一只蝴蝶，我被厚厚的茧包裹着，我一直想要找到一个出口，但

我找不到，我就要窒息了！（学生作文）

这句话摘自一个学生的作文，他把自己比作蝴蝶，把压力比作厚厚的茧。他要寻找摆脱压力、冲出重围的方法。可出口在哪里呢？我告诉学生：

“生命是宝贵的，你要珍爱生命，你没有权利轻视或随意处置自己的生命，因为生命不仅属于你，还属于每一个爱你的人和对你负有责任的人。如果你连死亡都不怕，还怕活着吗？

“生命是平等的，生命之于每个人都很重要，我们没有权利随意处置自己的生命，也没有权利损害和剥夺他人的生命，包括一只鸟、一朵花、一棵小草的生命。

“生活的字典里没有‘绝望’，命运夺去了史铁生的双腿，他却用双手推开了文学之窗；命运剥夺了霍金活动的权利，他却用手指捅开了科学的天窗……。如果你身前身后都是悬崖，不妨转头看看你的侧面，也许那就是上帝给你打开的一扇窗！

“要学会管理自己的情绪，合理宣泄，健康表达。和好朋友聊聊天，写写日记，做做运动，唱唱歌，听听音乐，吃一顿好饭（不要喝酒），做做深呼吸，静静地坐一会儿，痛痛快快地哭一场，请假回家感受一下亲情……，这些都是疏解情绪、放松心情的好办法。”

老师们，请告诉学生，茧本来就有出口，静下心来看一看，也许希望之光已经穿过茧口的缝隙，照临学生稚嫩的翅膀了。请养精蓄锐，迎接破茧成蝶的时刻吧！

给他一个机会，让他去体验，使其情有所本；给他一个集体，让他去成长，使其爱有所依；给他一个榜样，让他去模仿，使其前进有方向；给他一个家，让他去疗伤，使其后退有支撑；给他一个出口，让他去突围，使其成功有方法！如果我们做到这五点，学生的生命之舟就能乘风破浪，顺利起航了！

（田丽霞，河北省石家庄市第四十二中学语文教师，
全国优秀教师，全国十佳班主任）

10

学生性别角色出现偏差，怎么办

认可性别，莫把孩子逼上狭路

我是“纯爷们”

“老师，我是纯爷们！您不要用看女生的眼光来看待我！”一次与科任老师争吵时，小鑫咆哮而出这句话！小鑫明明是个秀气女生，却经常一副男生打扮——留着一头短发，身着肥大T恤和泛白牛仔裤，言谈举止大大咧咧，还自称“鑫爷”，与同学交往时也表现出鲜明的男性特征……

一个花季少女为何有如此言行？大家私下里议论纷纷。我开始密切关注她的一举一动。一天上课时，我发现小鑫神情落寞、表情异样，课下也不如往常一般与同学谈笑风生。下午，回到办公室时，我发现桌上放着小鑫极富个性的“草书”。

“老师，我觉得活着没有任何意义！我的成绩不好，爸爸妈妈也不喜欢我，我还不如重新投胎做个男生，当个纯爷们好了！”

这封信印证了我的担忧，看来小鑫一定是受了什么刺激！于是，我把她叫到办公室，轻声问道：“怎么了，平时性情开朗的小姑娘怎么如此悲观啊？能跟老师说说吗？”

在我的开导下，小鑫终于敞开心扉：进入初中后，父母对她的要求更加严格，而且总拿她的成绩和男生比。这让她承受了巨大的精神压力，学习成绩每况愈下。最近，父母又总是唠叨，早知如此，还不如当初把她丢了，再生一个男孩。

好强的小鑫为了赢得父母的尊重和认可，就想着变成一个男生——男生穿着随性，她就总是短袖配牛仔，从不穿裙子；男生说话豪放，她就全力模仿；男生玩的游戏，她全力投入……

了解之后我明白了，原来小鑫之所以希望成为一个“纯爷们”，绝不是性别错位，更不是“变态”，而是希望借用成绩之外的男性方式引起父母的注意，以满足父母没有儿子的遗憾，抚平自己内心的失落。

为帮助小鑫走出困境，我很快与小鑫妈妈进行了恳谈。小鑫妈妈并未想到自己的无心之语竟成为孩子的“致命心结”，她保证今后一定注意自己的言行举止，避免再刺激孩子。我也向家长提出中肯建议：和孩子好好谈一谈，听听孩子的心声，了解她现在真实的学习和心理状况；与孩子一起制定适合她发展的近期目标，全家人共同帮助她实现。同时，为营造良好的“女性”环境，我重新给小鑫安排座位，使她周围基本上都是性情乖巧、人际关系较好的女生。

慢慢地，我发现和小鑫一同玩的女生渐渐多起来；小鑫的头发渐渐留长，衣着打扮也开始女性化起来。

半个学期后，小鑫妈妈给我发来短信：“谢老师，经您的提醒，我们特别注意自身言行，上个月还和孩子一起制定了新的目标。昨天是我生日，小鑫特地订了一束鲜花送给我，这是 14 年来她第一次送我生日礼物！谢谢您对孩子的教育！”

（谢菲，湖北省武汉市洪山区英格中学）

转变思想，父母尽显性别特质

家长应先从改变自己的思想入手

曾几何时，同学小娟的儿子小强拥有很多女性特征，尤其在性格和行为上——做事扭扭捏捏，时常露出害羞状，同学们都讥笑他。然而，最近同学聚会时，我所看到的小强已变得阳刚气十足，和男同学玩得很开心。我大为惊叹，赶忙追问经验。小娟总结出如下三条。

避免正面批评教育

当小娟意识到孩子问题的严重性后，思忖再三，决定告诉孩子，哪些习惯不好，需要改正；真正的男子汉应该是什么样的。可孩子却一脸茫然，不停问为什么。于是，她和丈夫决定通过对别的孩子进行评价来引导儿子。如，小伙伴们哪些行为是勇敢的，怎样做才是令人敬佩的男子汉。

一次，小娟一家三口准备徒步去郊游。不料天气突变，北风呼呼，还飘起雪花。夫妻俩便问儿子：“外面天气很糟糕，你还想不想去郊游？”小强点了点头。二人又问：“外面刮风又下雪，你不怕冷吗？”小强坚定地说：“您常说男生要有一股男子气概，这点困难算什么！”听到儿子的回答，她万分激动地说道：“小强真是个小男子汉，我们为你高兴！”

几天后，小强回家后开心地说：“妈妈，今天老师表扬我了，说我很负责任。”小娟高兴地说：“太好了，你能说说老师为什么表扬你吗？”小强说：“今天我们组打扫卫生不及时，被扣了分，同学们都不敢和班主任说实话。我主动说出实情，承认错误，并保证以后改正。”小娟立刻肯定地说：“好样的，敢做敢当！男子汉大丈夫就应该这样！”小强高兴极了，说：“原来做个男子汉并不难！”

在以后的日子里，小娟有意识避免“女孩子好，听话、漂亮、文静”等具有倾向性的话语，不再以“听话”和“乖”来评价小强的表现，而是侧重其男性品质的培养。

父亲做出表率

老师告诉小娟夫妇：“父教的力度决定孩子的高度，父亲角色中所蕴含的男性特有的气质，如刚毅、果断、勇敢、自制和责任等，都被男孩看在眼里、记在心里，并慢慢内化为自己男性气质的一部分。”

因此，夫妇俩决定，为了让小强阳刚成长，丈夫必须做出表率，展示男人的阳刚之气。如说话、办事果敢，主动承担责任等；经常陪小强爬山、打篮球、跑步、短期旅游，甚至参加一些对抗性运动。在活动中创设和谐氛围，伺机与小强交流互动，谈谈男生的责任和义务，鼓励小强做勇敢的男子汉。

培养独立合作意识

小娟有意识地让小强做些力所能及的事情，如叠被子、扫地、洗碗、收拾房间等，以培养他独立自主的能力。同时，她指导小强正常地同异性朋友或同学交往；鼓励他多与男孩尤其是那些更具男子气的大男孩玩。为此，她买来篮球、足球，让小强参加学校的体育社团活动。她还告诉小强，体育活动不仅能强身健体、放松身心，更重要的是在合理的身体冲撞中，学会如何顽强拼搏，如何为了集体和荣誉与人合作，如何化解冲突和矛盾，等等。

小娟深有感触地说：“总之，先从改变自己的思想入手，不再父教缺席、母教溺爱，然后循循善诱，因‘性’施教，这样孩子才会健康快乐地成长。”

（刘艳艳，山东省淄博市沂源县南鲁山镇中心小学；
耿欣，山东省日照市莒县龙山镇中心初级中学）

学校引领：孩子性别教育的助推器

内外兼修，他成为真正的男子汉

大家都说小杰是我们班的奇葩。他身高、体重在班里男生中数一数二，可走起路来却一扭一扭，像风中杨柳，讲起话来挤眉弄眼、搔首弄姿，更被女生们指指点点。

小杰的不阳刚，从外在来看，主要表现在动作姿态、神情和讲话方式上；从内在来看，是青春期身心发育的特殊表现。我认为，必须内外兼修，才能让他成长为真正的男子汉。

鼓励他运动

孙云晓认为，在男孩成长为男人的过程中，运动发挥了不可或缺的作用；缺乏运动的男孩身上缺乏真正的男性气质。

我发现，小杰偏重于与女生交往，而不喜欢与男生一起运动、游戏。

因此，每当学校举行运动会和篮球赛，我都以他身高体长为由，把他编入接力队和篮球队。见他不太情愿，我便激励他说：“一米八的大个儿全校也没几个，跑步速度慢、不会打篮球，你可以多练练！站在旁边当看客，你好意思吗？”同时，我叮嘱体育委员，让他督促小杰和其他队员一起训练；与小杰父亲商定，每周末跟孩子一起爬山，既锻炼孩子体能，也培养其顽强意志。

于是，小杰的运动方案出台了：每天跑步、打篮球，每周末爬山。

相关资料表明，体内雄性激素使得男生天生喜欢运动，而运动又能增加雄性激素的分泌。我想，如果能长期坚持运动，小杰一定会从中受益。

吸引他劳动

我们班教室在四楼，搬水的任务自然落在男生头上。班里几个身强力壮的男生总是抢着搬，而小杰却总是逃避，说太累。同学笑话他搬不动水，他却强词夺理：“我是脑力劳动者，你们是体力劳动者。按照进化论，我比你们高级，所以搬水这样的低级活儿应该让你们干。”

我当即问他：“你觉得搬水是低级劳动？”他头一扭，捂着嘴巴，扑哧一笑，面带娇羞地说：“我搬不动水，又怕他们笑我，所以找了个借口。”我又问：“课桌椅你搬得动吗？”他得意地说：“这我搬得动，开学时我从一楼搬到四楼，大家都看到的。”我鼓励他说：“一套实木课桌椅可比一桶纯净水要重，你当然也搬得动水。”他一脸惊讶，似乎不相信。我对他说：“10年来，我一直往四楼办公室搬水，而且速度越来越快，现在只要90秒就能搞定。这功夫可都是练出来的！”说着，我让他计时检验。当我回来时，他看着秒表，嘴巴惊成了“O”形。

于是，小杰的劳动方案出台了：每周主动为班级搬一桶水。

平时劳动，小杰总喜欢跟着女生擦玻璃、摆桌椅，现在我让他搬水，一是培养他作为男生的责任感，二是向大家展示他男子汉的力量。

带领他阅读

小杰喜欢读言情小说，才子佳人，卿卿我我，缠绵悱恻。这种阅读自然对他的性格形成有一定影响，要成为真正的男子汉，就该有富含阳刚气息的阅读体验。

于是，我给他列出一个书单：《钢铁是怎样炼成的》《荒岛余生》《老人与海》《坚硬的荒原》《神秘岛》等。这些书籍饱含阳刚气息，对人的心性修炼与养成有着积极作用。我还给他推荐了一些历史人文著作，如《万历十五年》《巨人传》《林肯传》等。阅读这些著作，有助于他养成深刻的思考能力和准确的判断能力，而这正是小杰所需要的。

于是，小杰的青春阅读方案也出台了：争取每两个月读完一本经典著作。

如果说前面两个方案侧重于外在改变，那么第三个方案注重的是成长内在源动力的发掘和培育。

经过两年的调整，小杰已经俨然一副男子汉姿态。运动会上百米冲刺，他怒吼着冲向终点；篮球场上投篮、盖帽，他霸气十足；班级劳动一马当先，他总是抢脏活、累活干；生活中的他也不再被同学取笑，女生开始尊重他，男生也开始接纳他。

（吕新辉，浙江省慈溪市慈溪实验中学）

教育疏导，方式方法应考究

爱翘兰花指的男孩变了

小林，皮肤白皙，说话时轻声细语、满脸通红做娇羞状，尤其喜欢翘兰花指——写作业时翘着，收拾书包时翘着，捧书本时也翘着。因为姓林，同学们便戏称他为“林黛玉”。谁知他不但不生气，反而很喜欢大家这样叫他。

经了解，小林父亲常年在国外打工，小林和姐姐由母亲抚养长大。整天陪伴他的不是妈妈便是姐姐，因此他渐渐形成了女性的生活特征。由此看来，是生活中男性角色的缺失导致小林失去男生本该有的硬朗气质。

为了帮助小林尽快“回归”，我嘱咐几个男生主动接近小林，带着他一起玩男孩子的游戏。可是没过几天，他们便跑来诉苦：小林根本不领情，还躲着他们。

还有什么办法呢？我一直在琢磨。一天在批阅学生日记时，我发现小林的梦想是成为一名威武的解放军战士。恰好此时小宇的父亲从部队归来探亲，于是，我特地约来小宇父亲，请他给学生讲述自己的军营生活。

一周后，小宇父亲身着军装、精神抖擞地走进课堂。“同学们好！”他那洪亮的嗓门透着自信与果决，立刻吸引了孩子们。他们纷纷用热烈的掌声欢迎这位军人叔叔的到来。“啪！”小宇父亲又是一个漂亮的军礼，挺拔的身姿、黝黑的面庞展现出的坚毅与阳刚，引得孩子们既佩服又羡慕，连连发出惊叹声。

小宇父亲借助精心制作的幻灯片，向孩子们形象生动地展示军旅生活。从迅速穿衣到叠方被，从站岗放哨到执行各种任务，就连吃饭都让孩子们倍感好奇。接着，小宇父亲又展示了军营的训练生活，如练站姿、练格斗技、野外集训。他还卷起袖子给孩子们展示训练中留下的伤疤。这伤疤简直就是男子汉独有的标志，在孩子们尤其是男孩子们的心目中，它是那样的魅力十足。男生们争相举手，请求到前面来近距离观察。我发现小林也高高举起手，满眼流露的都是渴望。

我同意了小林的请求。在全班同学的羡慕声中，他兴奋地跑上讲台，两眼紧盯着那条伤疤，还伸出小手轻轻地、反复地抚摸着，嘴里不断发出“哇”的声音。我特别留意到，此时的他没有翘起兰花指。

最后，小宇父亲展示了他执行抗洪任务时的照片，并给大家讲述了在特大洪水面前解放军战士们如山一般的身影、如铁一般的担当和以保护人民群众为己任的铮铮誓言。听着他的述说，教室里出奇的安静，孩子们都被深深感动了，小林的眼眶里满是泪水。

自从这次家长授课后，班里有了很大变化，孩子们仿佛一夜长大。尤其是小林，他不再翘兰花指，不再追着女生跑，偶尔有同学喊他“林黛玉”，他甚至会生气。看来，小林确实在改变着，正如他在日记里写的:“我一定要做个像小宇爸爸那样的男子汉！”

（陈子锋，江苏省南通市海安县明道小学）

纠正偏差，可依借学生力量

扎辫子的男娃娃

数年前，我担任一年级班主任。第二学期开学伊始，班里转来一个眉眼俊俏、扎着条长辫子的新生。看到孩子的名字——小山，我不由自主地嘀咕了一句："一个女娃娃怎么起了个男性化的名字？"家长听后笑着说："老师，他不是女娃娃，是男娃娃。"接着向我解释："家里男娃娃金贵，曾发生过男娃娃被拐事件。为了防止小山被人拐走，我们特地给他留了长头发，扮成女娃娃。"

听了家长的介绍，我很理解但又担心这样会影响孩子的心理，然而小山父亲对我的话并不在意，只说孩子自己不肯剪。

几天过去了，我发现小山每天都和女生扎堆在一起玩，却很少和男生接触，就连与同桌的男生都很少说话。这更引起了我的重视，我打算从小山的辫子入手，由外及内改变他的性别认同观。恰在这时，小山的母亲找到我，让我说服孩子剪掉辫子，因为她上厕所时发现小山靠在边上偷看。问他为什么不走开，他竟说："我也是个女孩呀！"这时，家长才意识到问题的严重。

我想，与小山相处最多的是同学，能否借助他们的力量帮助小山呢？于是，我一改先前说教的方法，专门召开了一个主题班会，让学生们各抒己见，说说对小山留长发的看法。学生们首先对小山的处境表示同情、理解，但同时也提出了自己的看法。男生说，扎辫子多麻烦，而且学校有规定男生不可以留长发。女生则说，扎辫子是女孩子的专利，小山是男孩子，就不要抢我们的专利了。最后，大家一致建议小山剪掉辫子。小山被同学们的真情打动了，当晚就将他留了多年的辫子剪掉了。一个崭新的男孩形象出现在我们面前，同学们见状，都报以赞赏的目光。后来，我又在私下里嘱咐男生多与小山交往。

在全体学生的共同努力配合下，升入二年级时，小山无论外在装扮还是内在心理，都已然和其他男孩别无二致了。

（俞金莲，安徽省南陵县许镇镇中心小学）

对待偏差，应给予足够包容

当代性别研究认为，人的性别分为生理性别和社会性别。社会性别是人出生后在所处的社会环境和文化环境中不断习得有关性别的一系列言行、思维等模式，从而逐渐建构起性别角色以及心理认同。通常看来，“性别角色偏差”主要指一个人建构起的社会性别与其生理性别不符的现象，如男生喜欢穿女生衣服，喜欢化妆，只喜欢和女生玩；又如女生言行举止粗鲁，进入青春期后，她们关注的对象不是异性而是同性，甚至明显表现出喜欢同性的倾向……。对此，教师应首先做到一视同仁，不要戴着“有色眼镜”看待他们，同时要引导班上学生不能视其为“怪物、变态”。切忌盲目矫正，而是要先了解其背后的原因、秘密，多向家长了解学生成长过程中的行为和家庭教育情况，再有针对性地进行处理。

学生出现性别角色偏差可能与家庭环境和父母教育方式有关，如家长从小就把男孩当女孩养或把女孩当男孩养，给孩子穿异性的服装，教孩子异性的言谈举止，这属于习得性别规范时受到不对应的性别教育而形成的性别角色偏差。对于这种情况，笔者认为，一是要让家长改变教育及养育方式，创设适合孩子构建符合其自身的社会性别角色的生活环境。家长对孩子的态度与言行举止及对孩子行为习惯的要求要做出相应的改变，帮助孩子不断进行调整。教师在校可以引导学生多和同性同学交流、玩耍，在潜移默化中改变其对性别角色的认识。二是建议家长在必要时寻求专业的心理治疗和行为干预，慢慢引导孩子转变心理，尤其是对性别角色认同的调整。

现代医学通过对“同性恋”群体的研究发现，一些同性恋者是原发性的，是由于染色体出现异常，从而导致其不认同自身的生理性别，无法构建起与自身生理性别相应的社会性别。如果未成年学生出现这种性别角色的偏差，教师和家长断不可盲目、生硬地去矫正孩子的行为举止，而应在心理上多进行疏导，让孩子首先接受自己的与众不同，并让其认识到这种不同并非不正常，避免孩子出现自卑和自闭的倾向。对于这类孩子，教师和家长应该主要帮助其建立起乐观的人生态度，增强其心理承受能力，能够平和地接受别人“异样的目光”，适应社会生活。教师还应引导班里学生对这类同学予以接纳和包容，创设较为和谐融洽的班级氛围，避免对这些孩子的攻击和疏离。

目前，性别教育在我国尚属探索阶段，家长和教师也未对孩子的性别教育与性别角色的形成给予足够重视，很多人觉得这是一件自然而然的事情。但随着学生中暴露出的性别角色偏差问题的增多，不仅教师和家长要关注孩子的性别形成，全社会都应该予以关注。作为教师，我们应该对儿童青少年性别研究有所涉猎，这样才能更好地处理学生性别角色偏差问题，也能更加包容地对待这些学生。

（田彩红，北京市海淀区第二实验小学）

用真诚和耐心帮学生认同性别角色

在中小学教育中，班主任所面对的学生，因为遗传、家庭、生活环境、饮食习惯、民族传统、生活习俗、过往的教育等各种原因而千差万别，尽管他们在集体教育的环境中成长，又有同年龄孩子的共性特点，但从个性、教育和发展的角度看，他们每个人都是有差异的。在其中，表面的、已经形成的差异容易被关注；而潜在的、正在变化中的差异却往往被忽视。对于后一方面，不仅同学、教师难以及时准确地感知，就是朝夕相处的家长也很容易忽略日渐明显的细节差异。关键是人们往往缺少相应的意识、知识，不知道潜移默化的巨大力量。

在学生间的各类差异中，性别差异似乎是最明显的。在正常情况下，家长、教师和学生自己对性别归属，似乎都很明确，但这种明确首先是在生理学、医学层面上的，看的是表面现象，而对心理、思想层面的性别差异往往关注不够，甚至忽略不计。

按照常规，生理是心理的物质基础，不同的性激素及其适当的比例可能会使人的性别出现偏转。但在特定的情况下，饮食、药物和思想问题等因素的作用，也会在一定程度上促使生理意义上的性别发生变化。

特别是在儿童期与青春期，学生的第一性征、第二性征逐渐明显的时期，也是学生性别意识逐渐形成和明确的时期，如果相应的教育没有跟上或不充分，就会对学生的正常发展和性别认同带来影响。在我国，上小学前通常不进行性别意识教育，不少幼儿园的卫生间混用，成年人视儿童为同性人。到小学以后，学生在自然过渡的环境下才有了初步的性别意识，但相关教育却并不得力，也不规范，致使在学生未来的发展中会出现许多与性别相关的问题。

在美国，从2—3岁起，家长和教师就开始帮助幼儿建立性别意识，甚至开始有由浅入深的性知识教育。他们认为，尽早进行相关教育不仅能帮助儿童尽早地明确自己的性别角色，健康地发展，也会使儿童懂得自我保护和性健康方面的基本知识，相关的研究与对策在教师和社会中也有较充分的运用。尽管如此，在美国的学校中也还会出现性别角色偏差的现象。相比较而言，中国的相关研究与知识普及就显得极为薄弱。

如果广大家长和教师懂得这些知识与道理，并能科学合理地运用相应的方法，就可以在教育与生活中给予学生更多正确的引领，帮助其安全、愉快、理智地度过青春期。

作为班主任，对于学生中可能出现的性别偏差问题要有正确的认识，要用积极、诚恳、关爱的态度和适宜的方法帮助这类学生调整、改变，而不能用嘲笑、挖苦、轻视的态度和生硬的方法对待。

学生出现性别角色的偏差，通常是有原因的。而所谓原因，又可分为先天和后天两大类。先天，即由于生理原因所致；而后天，是由于环境、教育等原因造成的。比如，在某校，一名初中男生在作文中表达了对某位女电影明星的好感和朦朦胧胧的爱慕，结果招致教师的严厉呵斥与挖苦，致使该学生在青春期萌动的、正常的性别意识被强力地打压了回去，同时滋生了对自己性别角色的恐惧。在之后的成长中，这名学生在性别角色上出现了很大的偏差，在生理、心理需求及其表现方面都严重偏离了正常人的轨道。这是由当年的教育不当酿成的不良后果。所以说，教育的作用既能使人健康地发展，也能使人走入歧途。教育者要全面深入地了解教育对象，并能根据科学的理念与方法对其进行正确的引导。

当班主任接手一个新班，即发现其中有性别角色出现偏差的学生时，最重要的不是埋怨、烦恼，而要用积极的心态来正视和解决相应的问题。

第一，对于这类学生，班主任要给予特别的尊重和关照，要意识到该学生在生理和心理上是有委屈和痛苦的，需要得到理解和关爱。第二，学生处在成长和发展的过程中，任何调整与改变都有较大的机会和可能，责任既在家长，也在班主任，因为班主任往往是学生人生发展过程中深受信任的人，是可能帮助其走出困境的重要他人。第三，要认识到，在一个性别意识都比较合理正常的班集体中，个体的差异是有可能得到调整和改善的，如果方法得当，改变是存在很大可能性的。第四，要充分意识到，对待这类学生，如果教育与引导不当，教师和家长反应过敏、过激，班级或学校环境存在歧视或不友好，就会使学生本已存在的性别异动得到片面或消极的刺激、强化和暗示，不利于其向良好的方向转变。第五，要解决和调整这类问题，必须联手家长和学生群体，营造良性的导向与氛围，帮助有偏差问题的学生逐步回归正常的心理状态。第六，要特别注意认真和准确地对学生进行甄别与判断，真正弄清学生的问题是表面、表层的现象，还是深层的生理、心理问题。要特别防止夸大问题、草木皆兵的倾向，使本来简单、表层的问题被人为地复杂化。如，有的男生说话声音很细，性格也比较腼腆，不喜欢男生普遍喜爱的体育运动，但在生理和心理上没有性别错位的问题，随着年龄的增长、生理的变化，可以正常自然地确立性别角色，但如果受到了来自不良环境和教育的挤压与暗示，这些本没有可能发生问题的学生也会出现一定程度的性别偏差。

在与家长的沟通中，最重要的是真诚，因为这是很敏感的话题。千万不能在与家长的交流中简单地将问题定性为性别错位或异性化，而是谨慎地询问家长是否意识到学生有相应的倾向性举止行为。要能有意识地从家长那里了解问题的根源或成因，并能和家长就教育目标与解决方案达成共识。

对于存在问题的学生本人，班主任也要与之真诚地沟通，但最好不直奔主题、直击痛处，而应在交流中注意观察，有意识地了解其兴趣、愿望、爱好、以往的经历、记忆中的创伤等，并从中判断问题的症结，思考相应的对策和方法。

在具体的班级工作中，班主任可以有意识地做许多刻意的安排。对于有明显甚至严重女性化倾向的男生，可以安排其多做男性角色明显的事情。比如，在节目表演中多扮演典型的父亲、爷爷等角色，感受男性的责任、意识和行为；在体育活动和劳动中，让其负责某些方面的工作，鼓励其有所担当，突出其性别角色；在对其表扬时多用体现男性特点和优势的概念、词汇加以暗示。在长期的教育实践中我们发现，学生性别错位的问题往往源于学生对自身性别的不自信和缺少感受，结果过多地体验异性的生活和感受，久而久之，在不自觉的情况下，自己的心理和生理都发生了潜移默化的改变，使本不应该的强化发生了作用。

所以，在学校、班级和家庭中，做好上述各方面的工作，许多问题就可能有所改变。

和学生的其他学习问题、发展问题一样，性别偏差问题并非一日形成的，所以，调整和改善的工作也不能操之过急，毕其功于一役。要知道，处于这一阶段的学生，变化是常态，有反复也是很正常的。所以，班主任和家长要有足够的信心、耐心和细心，共同呵护学生的尊严与自信。只有如此，才能帮助学生解决问题，消除困惑，帮助其恢复到正常发展的成长与生活轨道。

（程方平，中国人民大学教授）

出版人　李　东
图书策划　池春燕
项目统筹　闫　景
责任编辑　闫　景
版式设计　私书坊　郝晓红
责任校对　马明辉
责任印制　叶小峰

图书在版编目（CIP）数据

学生出现心理问题怎么办？/赵福江主编. —北京：教育科学出版社，2021.11（2023.10重印）
（我该怎么办？：班主任工作疑难问题解决方略）
ISBN 978-7-5191-2749-7

Ⅰ.①学… Ⅱ.①赵… Ⅲ.①中小学—班主任—教育心理辅导—教材 Ⅳ.①G635.16 ②G479

中国版本图书馆CIP数据核字（2021）第179453号

我该怎么办？——班主任工作疑难问题解决方略
学生出现心理问题怎么办？
XUESHENG CHUXIAN XINLI WENTI ZENME BAN？

出版发行	教育科学出版社		
社　址	北京·朝阳区安慧北里安园甲9号	**邮　编**	100101
总编室电话	010-64981290	**编辑部电话**	010-64981252
出版部电话	010-64989487	**市场部电话**	010-64989009
传　真	010-64891796	**网　址**	http://www.esph.com.cn
经　销	各地新华书店		
制　作	北京浪波湾图文工作室		
印　刷	中煤（北京）印务有限公司		
开　本	720毫米×1020毫米　1/16	**版　次**	2021年11月第1版
印　张	15.25	**印　次**	2023年10月第3次印刷
字　数	204千	**定　价**	49.80元

图书出现印装质量问题，本社负责调换。